老師は語る

私の体験的信仰論

藤岡　彰

海鳥社

序にかえて

畏友・光源寺前住職十時壽徳氏のお勧めもあり、自らを省みて自叙をまとめてみようと思い立ちました。

人間は、生まれれば、かならず死なねばならない。永遠を願いながらも、私どものいのちは有限である。人は喜びを求め、楽を追い、幸せを探し、そのことを一日一日の目標として生きている。

そんな私たちの現実の中で、真実の幸せとは何であろうか、長い長い人間の歴史は、この幸福を願いながら暮らしてきたともいえましょう。

私は九十五歳になりました。九十五といえば約一世紀です。思ってみればぞっとするような長い年月です。しかし暮らしてみればとても短い歳月でした。この長い月日を、私は今日まで何を求めて生きてきたのか。

もうかれこれ五十年も六十年も前になりますが、柳川の叔父の家を訪ねますと、大変喜んで迎えてくれ、叔父は、叔母にウナギ飯をとらせにやりました。ウナギ飯がきますと、「あら、私のは」と言って自分の分を求めるのです。叔母は「あなたは今食べたばかりですよ。ほら、お茶わんが残ってましょう」と言いますと、「いや、まだだ」と言って自分のうなぎ飯をまたとらせました。

人間が人間として残っていくものは、ただ本能だけなのでしょうか。そうしますと、人間は食べるために生まれてきたのか、人生の目的はただ食べることにあったのでしょうか。食べるために働くと言うし、働くために食べるとも言います。どちらも本当のことでしょうし、どちらも本当でないような気がします。そんな感慨を覚えたことが今も忘れられません。

いったい人間は何を目的にして生きているのでしょうか。お金を儲けたい、家を建てたい、人から崇められるようになりたい、名誉が欲しい、地位が欲しいというようなことで、一所懸命に努力し、求めてまいりますけれど、結局のところ何もつかむことができません。何かをつかんだと思っていても、それはやがて失われていくものです。

いったい人生とは何だろう、人間とは何だろう。そのようなことを、私はこのごろしきりに思うのです。

浄土に生まれるということはどういうことでしょうか。曾我量深先生のお言葉に「往生は心にあり、成佛は身にある」というのがありますが、いのちが尽きれば佛になる。佛様のお救いは「一味平等」でありましょう。「弥陀同体の悟り」をさせていただくということを真宗では申します。そうすると「弥陀同体」であってみれば、有り難いということには違いないが、そこに自己というものがない。己というものはどこにいってしまうのか。

そのどこに行ってしまうか分からない自己、この自己に執着しているのが、私どもの人生であります。

だから、この己が生きていたことを子や孫たちが、こんなおやじがいた、こんなじいさんがいたんだ、というようなことを語りぐさにしてくれることによって、私の存在を認識してもらおうと思う。それは、社会的にも同じことが言えるのではないかと思うのです。だが、いったいそうして何かを残して何になるのか。まことに空々漠々。「煩悩熾盛《ぼんのうしじょう》の凡夫火宅《かたく》無常の世界はよろずのこと、みなもって、そらごとたわごと、まことあることなきにただ念佛のみぞまことにておわします」。いまさらもって親鸞聖人のお言葉が身に沁みます。

でも、「念佛のみぞまこと」であるという、その念佛がなかなか分からない。

もうずいぶん前のことでありますが、教誨《きょうかい》の時、ある死刑囚から「浄土往生は有り難いが、いったい浄土に往生するその主体は何でしょうか。私がお浄土にまいるのでしょうか」と、往生する主体を問われて、私もびっくりしました。

なるほど、肝心かなめのところがぬけていたな、ということを思いました。知人にもおたずねしますが、なるほどというお答えはちょうだいすることができませんでした。この私に、自叙を書くことを勧めてくださった十時壽徳さんにも、かつておたずねしたことがありますが、ただ、笑っていらっしゃるばかりでございました。

お浄土へ行くとは何であろうか。そういう私の思い、願いが本当に満たされたとき、私は成佛するでしょう。「信心決定往生の生活は常に畢竟《ひっきょう》成佛と連結する」とも申します。

生々流転、永遠の迷い……。私たちの人生は悲しいかな、こうしたことの中にあります。人間に生まれてきたということは、佛法を聞く、そういう耳を与えられたんだ、ということを聴聞しますが、本当に佛法を聞くことができる我が身であろうか、というようなことを考えさせられるものであります。

朝晩のお勤めは、懇《ねんご》ろにいたしますし、念佛はいつも申させていただいておりますが、私が申している念佛は、どういう念佛なのか、と自問自答いたしてきました。本当に人生は空しい、その空しく過ぎていく私の一生に、もし実りがあるとすれば、そういう空しい人生しか送りえない身であることを教えていただいた佛法の光、如来の大悲を、いただいていく以外にないのであります。感謝報恩とかではなく、懺悔《ざんげ》あるのみです。私にとって全身ことごとく懺悔です。

浄土というまた会う国がある、親や兄弟、夫婦でもまた会う国があるということが、勇気をくれます。また有り難い喜びもそこに生まれてくるはずですけれども、また会う国に行くのは、何であろうか、私であろうか。そこをもう一つ教えてくださる善知識に出会いたいと念ずるところです。

出版社の編集者から「老師は語る」と表題をつけていただきました。恐縮至極、汗顔の至りです。私の一生は、愚行の連続でした。まことにお恥ずかしい。師の資格すらない愚僧の身です。

「親鸞は弟子一人も持たずそうろう」（『歎異抄』）。とうてい真の佛弟子たり得ない私である。

最後にこの出版については多くの方にお世話になりました。いちいち名前を記すことはできませんが、皆さんに厚くお礼申し上げます。

二〇〇三年四月八日　釈尊御誕生の日に

藤岡　彰

老師は語る◉目次

藤岡彰老師に聞く

聞き手　十時壽徳

教誨活動を通じて

藤岡彰師について

十時寿徳《ととき としのり》

敬慕してやまぬ教誨師《きょうかいし》、藤岡彰先生について紹介したい。先生は、満九十五歳というご長命でありながら、ご壮健である。教誨師の長老格として今もなおご活躍なさっている。それも五十年に及ぶというから驚異というほかはない。

半世紀にわたって教誨事業に御奉仕された先生の気魄と情熱には頭が下がる。ご家族の話によると、前日までは体の不調を訴えていても、教誨の当日になると元気になられるという。教誨にいのちを賭けておられればこそお元気なのかも知れない。まさに、教誨ひとすじに歩んでこられたお人である。

以前は、主に福岡拘置所における死刑囚が対象であったが、今は福岡刑務所の受刑者の教誨が先生の活動の場になっている。

平成十四（二〇〇二）年七月、大牟田拘置所においてお盆の法要を行った。講話を先生にお願いすることにした。先生は再三、お断りになったが、今後、先生の御謦咳《けいがい》に接する機会も少なくなるだろう、という思いから無理にお願いした。

感性が豊かで、論理の展開がさわやか、それでいて何の衒《てら》いもなく、自分の思いを率直におっしゃる。感銘深い講話だった。佛弟子・目蓮《もくれん》尊者が、餓鬼道に堕ちて苦しんでいる母に食を捧げる、という話から転じて「そろそろ、更生に身をかため、クサイ飯食うのは卒業せにゃ、以前はそう言ったもんだ」とお話された

普通だったら穏当を欠く発言になりかねない。だが、先生の話には何の抵抗も感じない。受刑者はニコニコして聞いている。なかには楽しそうに笑っているものも

いた。九十五歳の先生のお徳というものであろう、と私は思った。
教誨師は、「奉仕」である。謝金をいただくわけでもない。完全な無償の行為だ。だが、先生はそれが、「実にありがたい」とおっしゃる。地位や対価を求めるのが、今日の社会通念であり、常識になっているとき、五十年という半世紀にわたって、何の手当も保証も要求するでもなく、それをむしろありがたい、と受け取っておられる先生の生き方は、何と素晴らしいことではないか。こんな人が今の世に幾人いるだろうか。これこそ本当の人間国宝というものであろう。
藤岡彰先生がいてくださるからこそ、受刑者も救われていると思う。不可能を可能にしてゆく道がそこに在る、と私は思う。

（『善き師、よき友』より転載）

先生は多年にわたるご功績により平成二年に生存者叙勲として勲五等瑞宝章を受けられました。また、平成五年には、天皇、皇后両陛下のご主催による赤坂御苑での秋の園遊会に招待を受けられました。まことに名誉なことであり、心から祝福申し上げたい。

教誨活動への取組み

――教誨師のお仲間として印象に残っておられる方に、どなたがいらっしゃいますか。

藤岡　そうですね。小谷了恩（大阪矯正管区顧問）といって、滋賀県の人ですが、もう教誨師となって最初からご一緒でしたね。ほとんどの方は忘れましたが、その方は印象に残っています。今でも年賀状のやり取りをしております。

小谷さんは、大谷派の教誨師の会長も何年かなさったと思います。静岡で大谷派の全国大会を開催し、次の大会は四国だったのですが、何かの都合で四国が受けられなくなりまして、そこで九州で受けてくれないか、と小谷さんがおっしゃるものですからお引き受けしました。九州連区とはいっても、福岡（久留米教区）が会員の半数をしめていますので、何といっても福岡が中心ですよね。そこで二日市温泉の大丸別荘で大会をもちました。

その時、本山の担当参務（重役）でみえたのがM氏でした。私は小谷さんから頼まれ、会を代表して本山に要望をいたしました。「大谷派は教誨師をあまり大事にしてくれない、もう少し、大切にして欲しい。奉仕をしている時は、半ば公務員だ。しかし、教誨師は何の待遇もない。完全なボランティアなので、処遇の面をご考慮いただきたい、せめて、本願寺派（西本願寺）なみにはお願いしたい。お西の方は旅費の実費とわずかながらの日当を補助している」とね。私がみんなを代表して陳情しました。ところがM氏は、

「大谷派は、別に、教誨師を冷遇視しているわけではない。大谷派は、毎年の予算のなかに三百万円組んでいて、活動の支援をしている。それ以上はだめです。絶対にだめです」

と言うのですね。

もう、けんもほろろでね。M君は私に仇討ちしているな、と思いましたね。みんなの前では言わなかったが、私はもう腹が立ってならなかったのです。というのも実は、M氏の長男と私の孫娘が結納をかわしましたが、どうしても「いやだ」と言

って泣くのですね。孫娘は両親に、土間に土下座して頭を下げて「断わってくださ
い」と必死に頼むのです。私はいじらしくなりましてね。私は息子夫婦に言いまし
た。土下座をしてまで頼むにはそれなりの理由があるだろう。仕方がない。断わっ
てきなさい。私が仲人さんに電話して御同行を願うよう、その旨頼むから、と言っ
てお断わりをした経緯《いきさつ》があったのです。そのことを思い出しました。
まあ、それっきり大谷派は、別に何もしてくれないでしょう。そのころは、教誨
師は、百人はいなかったと思います。お西の方は、二百人以上いましたね。
実は、一番初めに監獄教誨を始めたのは大谷派なんです。たしか明治五年ですよ
ね。百三十年の歴史と伝統があるのですから、もう少し教誨師を大切にしてほしい、
と言ったのですが、結局、M君はまったく、そっぽ向いたままでね。取り付く島も
なかった。ですからそんなことを勘繰《かんぐ》ってみたのでした。彼がまだ生きているかど
うかは知りませんがね。

死刑囚との出会い

藤岡　私が死刑囚のところに行き始めたころは、刑務所は藤崎にありました。住所としては福岡市早良区百道二丁目でしたかな。刑務所にまいりますと、守衛の看守がにこにこしながら「やあ、藤岡先生、こんにちは。ちょっと待ってください」と走ってきてね、門扉を開けてくれました。何か非常に温かみがあった。死刑囚もみな教誨堂に集まってきてね、私の話を熱心に聞いてくれましたよ。それに看守も、常にそこにいてね。

今はだいぶん事情が変わってまいりました。何か事務的というか、冷たくなったような気がしてなりません。

教誨師を受け入れる刑務所、拘置所側の対応も、また、収容者に対してももっところのケアを与える努力をして欲しいと思いますね。これは私の切実な願いです。「教誨に参加しなさい」といって勧める看守も少なくなった。今は一人対一人で、あのころは大抵みんなが参加しましたね。宗派によって出席しない人もいましたが、常時、七、八人から十名は出席していましたよ。I、N、O、A、AB、OG、ON、Mなどの諸君。まだいましたが、その程度しか名前は覚えていません。忘れましたね。O君はしばらく結核で入院していました。OG君はすぐに執行になりましたね。長くはなかったようです。

そんな人たちが一同に教誨堂に集まってきて、「正信偈」をお勤めをし、また、法話も聴聞しました。みな真剣そのものでしたよ。明日も分からぬいのちなんですからね。

教誨師会会長時代の著者

OG君は、当初、独房で震えていました。教誨に出席しないものですから、「先生、OG君に会ってやってください」、という看守の依頼で、独房へ行きました。身体全体をブルブル震わしているのですね。

「ふるえる程苦しんでいる、あんたの気持ちはよく分かるが、人間は誰もが一度は死なねばならぬ。私もそうだ。何も恐れることはいらぬ。阿弥陀さまがお迎えにきてくださって、必ず連れていってくださるから、決して、怖がることはいらない」

といったようなことを言い、そして、南無阿弥陀佛の本願のいわれを話しました。そのうちに落ち着いてきました。震えもやみました。教誨に出てくるようになりました。

お西の門主がおいでになった時は全員、帰敬式を受けましたね。その後まもなくOG君は執行されました。私はOG君の執行には、立ち合いませんでしたが、お西の福岡市内の教誨師の方が立ち会われ、あんなに震えていたOG君も死を受容した静かな最期を遂げたということを聞いております。

A君などは帰敬式を受けたことを非常によろこんでいましたね。今は、あんな、光景はもう見られません。

―― そうですか。ＡＢ君は現在もいるそうですが、どういうわけで、四十年も経た今も。

藤岡 一度、再審願いを提出すると、再審が本当に受け取られるかどうかを審査するのです。妥当であるかをね。それが却下されると、また、出すわけですね。内容は、私は見たことはありません。

―― でも再審よりも執行の方が優先する、とうかがっていますが。

藤岡 でも執行されないということは、そういうことでしょうな。法務大臣が判を押さないかぎり、執行はできない。法務大臣によっては「おれの在任中は、死刑を執行させん」と言ってがんばっていた人もいました。大阪選出の佐藤恵さんの時などがそうでしたね。彼は大谷派の浄雲寺の住職でしょう。これは分からんでもないがね。

―― 以前、ＡＢ君から「お会いしたい」と言って手紙がきたとおっしゃっておいででしたね。一度、行ってみませんか。

藤岡 そうですね。行きたいですね。

――私もご一緒させてください。許可が出たら。もう、彼は今、何歳なんでしょうか。

藤岡　六十歳近くじゃないでしょうか。

――それからON君はどうでしたか。

藤岡　あまり思い出はありませんね。彼はもう執行されているでしょう。

――O君は。

藤岡　O君は、これはさっきちょっとふれましたが、結核を患っていました。これは早く執行されましたね。どういうわけか、早かったり、遅かったり、そこらへんは、私には分かりませんな。彼は短歌や俳句が上手でしたよ。作ったのを度々送ってくれていました。

迷いと救い

藤岡　つい先だって、教誨にまいりますと担当の刑務官から、「先生にお願いがあ

りますが、聞いてくださいますか」と言われましてね。何事ですか、と聞きますと、

「本日の教誨の講話が終わりましたら、一人の受刑者にお会いしていただきたいのですが、いろいろ考えました末、先生がいちばんいいのではないか、と思いまして」

ということでありました。

「それはよろしいが、どんな人なんですか」とたずねますと、

教誨師研修大会に参加して(左、著者)

「先生、ニュー・ハーフご存知ですか」

「いや、それは知りませんな」と答えると、

「ゲイ・ボーイです。俗にいうオカマです。NG君といって二十七歳になる青年ですが、彼がゲイ・バーに勤めていた時、客を殺害しまして

ね。その殺された被害者の男性が夢枕に立つんだそうです。それも何回となく。それに殺される時のあの断末魔の叫び声も聞こえてくるとかで、精神的にもだいぶん落ち込んでいます」

ということでした。

会ってみると、さながら女性的で、いかにもひ弱そうな感じの青年です。顔も青白く精気がない。今にも倒れそうな格好でした。

――どういうことで殺害に及んだのでしょうかね。酒のいきおいとか、無理な要求をされたのか、それとも暴力をふるわれた。

藤岡　そうらしいですね。カッとなって、前後の見境いなくやったらしいが、気がついて驚いたんじゃないですか。ともかく、被害者はたいへん苦しんでね、絶叫して死んでいったそうです。それが瞼に焼きついて離れないらしい。

――どんなお話をなさいましたか。

藤岡　そのような悪夢にさいなまされるこころはよく分かる。誰もがそんな経験はないでもないが、それはきみに殺された男の人が迷って出てきているのではない。

殺したきみ自身が迷っているのであって、きみが救われれば殺された人もまた救われる。結局は、きみ自身の問題。とはいっても自分だけでは、どうにもならんだろう。そこに佛法をふかーく、深く聴聞せにゃならぬ問題があるのです。だから、きみが本当に救われたいのなら、夢に出てくる被害者、その人が助かってもらいたいのなら、先ずきみ自身が救われることです。もし、きみが救われれば、その被害者もきっと助かるのです。

まあ、こんな内容の話をしたのですが、時間の関係もあって長くは話せなかったのです。でも何か本当に響くものがあったようでね。「お陰で助かりました。ああ、よかった」と涙を流して、礼を言いました。

後でNG君が、看守に言ったそうです。先生のところへ行ってもう一度、礼を述べたいが、それもかなわないのでよろしく申し伝えて欲しい、とね。

私はもう歳で、長くはありませんが、教誨人生の終わりにのぞんで、NG君とこのような出会いをして、一人の同朋《どうぼう》をいただいたことは幸せでした。うれしいですね。

また、教誨師仲間の中島秀康さんとの出会いも近年にない喜びでありました。というのは、これも先日のことですが、中島さんが心筋梗塞で一時、意識不明になられましてね。死線をさまよっておられた時、私の呼び声が聞こえてきたそうです。

「中島さん！　中島さん！」という声がね。その声で意識が戻ったそうです。中島さんいわく、

「先生、あなたは私のいのちの恩人です」

と言われるのです。いや、それは阿弥陀《あみだ》様のご招換の呼び声でしょう、と申しておきましたがね。

――なるほど、そうでしたか。それはきっと、本願招換の勅命でしょう。だとしたら、一度に二人の同朋を得られた訳ですね。まことに結構でございましたね。

藤岡　はい、これで私もお浄土まいりの土産ができたようなわけで、うれしく思っています。

――で、中島先生とは、もうかなりのお付合でいらっしゃいますでしょう。

藤岡　かれこれ五十年近いのではないでしょうか。あの方がまだ、福岡刑務所の教育課長時代からですから。それに二十年近く、毎月一緒に刑務所へ行っております。たいへん立派な方です。

――そのような方のようですね。

藤岡　先日、その中島さんから大きな椅子をプレゼントしていただきましてね。びっくりしました。このようなものをいただく筋合いでもなくご辞退しましたが、先生からは長い間、教えをいただき、佛法開眼させていただきました、とお礼を言われましてね。恐縮しました。このような贈り物を頂戴するのは初めてでした。幸せに思っています。

――よかったですね、本当に。

藤岡　別に改まって説法をした訳でもなく、刑務所への行き帰りの車の中で雑談したことが、御本人には何か感じられるところがおありだったのでしょうかね。

――先生は、教誨師会のたいへんな功労者で、大長老でいらっしゃる。それに九十五歳という御高齢にもかかわらず、今もなお現役として御活躍なさっておられる。

これは本当に珍しい。きわめて希有なことです。

それに先生には、平成二年に皇居において陛下より、じきじきに叙勲をお受けになり、また、平成五年の秋には、両陛下御主催の赤坂御苑における園遊会にもご招待になられたということで、これまた、稀なことであり、私ども教誨師にとりましても、これ以上の名誉はありません。僥倖《ぎょうこう》というほかはございません。

藤岡 いやいや、これも皆さんのお陰です。

――先生はまた、宗門関係でも大へんな御活躍の足跡を残されました。九州大谷短期大学設置の創設者でもあり、県佛教会はもとより、大谷派の教区などの様々な面で、ご苦労をいただきました。

また、本山では、全国教区会議長会会長や総会所教導会長、同朋会館教導、特別伝道会講師など、数々の要職をお務めになって、先生のタフ振りには目を見張る思いがいたします。

藤岡 いや、みなさんの邪魔ばかりしてきましてね。申し訳ありません。特に、わが寺におきましては、現住職には、ずいぶんと迷惑をかけたなあ、と思っています。

今あらためてそれを痛感しているのです。私が表に出すぎたものですから、陰でじっと耐え、辛抱していてくれたのだろうと思います。本当に、すまんことでした。

――いや、現住職はお偉いです。御老師様をちゃんと立てておいでになっているお姿は立派です。

社会に還元する

――教誨師は、ある意味では完全なボランティアなんでしょう。だからこそまた、よさがあるのですね。御老師様は、五十年近く、ずっと通しておいでになっていることは、これは何にもかえられぬことだと思います。お金をいただいてするのとはわけが違う。

藤岡　そう言っていただくと恥ずかしいのですが、私など本当のところ、何も社会にお返しできないでしょう。だから、せめて刑務所にいる人たちがこころの支えを、私の講話から受け取ってくださるならば、と思ってね。それを生き甲斐として行っております、本当のところ、そうです。

―― そうですよね。私もそう思います。お金をもらって行くのだったら、はたして、生き甲斐と言えるだろうか。

藤岡 でも、いただくようになりました。

―― といっても、わずかでしょう。

藤岡 それはわずかですけど、いらないと言いたいけど、やはり、見ればね。（笑）

―― でも無報酬とかわりませんよ。私も半年ずつ二回に分けていただいています。毎月行っております。新入所者と仮釈放組です。仮釈放組は三カ月の間、教誨をします。刑務所の中でもっとも優等生ですね。この人間なら出してもまちがいない、という人たちなんです。

藤岡 久留米や大牟田の拘置所にきている作業組の人たちなんでしょう。

―― そうだと思います。

藤岡 シャバにいる者より数段、清らかなこころを持っているのもいますからね。

―― 最近は、教誨に参加することを積極的に勧めてはならない、という決まりがあるとか聞きますが、先程のお話のように、一対一になってしまいましたね、特に死刑囚は。最後は、それでいいでしょうが、初めのとっかかりがなくなってしまえば、完全に教えを聴聞する縁さえもなくなってしまう。教えに遇わずじまいで死んでいかねばならないのですね。

こころのケアと信教の自由

藤岡　信教の自由ということで、特定の宗教活動が禁じられている。それは分かるが、教誨師は、わが宗派の宣伝活動をしているわけではなく、あくまで宗教家としてね、被収容者のこころのケアが主体なのですから。

――「国及びその機関は、宗教教育その他いかなる宗教活動はしてはならない」という政教分離ですね。また、一方では、「ポツダム宣言」第十項の「言論、宗教及び思想の自由並びに基本的人権の尊重は、確立せらるべし」という文言によって、「基本的人権の尊重」が生まれ、「人権」という言葉が普及しました。ある意味で、この文言が、われわれ教誨活動の前に立ちふさがったような気がしないでもありません。憲法法典の文言を忠実に解釈するのが、いかにも正しい解釈だとして、文言にあわない現実を糾弾するのですね。現実や人心を顧みない教条主義がいかにも民主的であるかの如き思潮が今ございます。

藤岡 ですから、今では受刑者に対しては、腫《は》れ物にでも触るような態度がめだちます。人権自体に内包している闘争理論を恐れてか、施設においても、ふみ込んだケアを怠りがちのようですね。

―― 権利だけが表面に出て、凶悪犯罪を犯しながらも人権の名のもとに寛大にあつかわれる。それを見越すかのように狼藉をはたらく者までが出てくる。また、それを援護する一部の人権派と称する人がいます。これでは行刑職員は萎縮するばかりか、士気を失います。

戦後の法律によって、学校から宗教情操教育を追放したことは、完全なダメージだったと思いますね。政教分離を確立している外国ですら、宗教教育などしっかり行っています。一宗にとらわれない宗教教育は、たとえ公機関であっても実施してもいいのではないか、と私は思っているのです。

感謝と喜びからの出発

藤岡　いま、テレビなどで、食事の場面がよくでてくるでしょう。必ず合掌するようになりましたね。以前はなかった。今は必ず手を合わせる。これはいい風潮だなと思って観ています。

札幌の教誨研修大会に参加して

合掌して食事をいただくことは、どんな意味だということまでは、知らないと思いますが、やはり、他のいのちをたべて生きている、という感謝と喜びを感じないならば、これは人間ではないだろうと思いますね。

その意味で、このごろ合掌しているのを放映しますので、なるほど、信教の自由や政教分離ということで、ことやかましく主張する偉い人が多いが、やはり、考え方が随分と変わってきたな、と思いますね。

――そのことで先だって女子大学に勤めている友人が言っていましたが、食事の前後に、合掌をして「いただきます」「ごちそうさま」と挨拶をしているかどうかをアンケートしたそうです。ところが五十名のクラスの中で「はい」と答えたのは、わずか十パーセントだったとか。今日では「いただきます」と言うことが、どういうことか分からなくなっている、と述懐していました。

「あなたのお陰で、私のいのちが養われている」ということが、もう分からなくなっていますね。

食べるのは当り前。作ってくれた親にたいしては、いくぶんかは感謝の気持ちはあっても、いただいている米のいのち、大根のいのち、魚のいのちに手を合わせるなんて、思いもしない。野菜や牛肉などは人間に食べられるためにあるのだから「いただきます」など、何で、そんなことを言わなくちゃならないのか、まあそんな考えなんでしょう。

昔の親は学問はなかったかもしれませんが、人間が生きるということの意味をちゃんと子どもに教えました。理屈ではなく身をもって躾《しつけ》たのです。例えば、親の命日に精進することなどを通してね。

藤岡　人間の基本なんですな。それが全然ないとはいえぬが、今はかすんでしまっている。犯罪を犯したある少年が「なぜ人を殺してはいけないのですか」と言った、と聞いていますが、今は、テレビなどの番組でも盛んに殺し合いがありますね。もう日常茶飯事行っています。全くゲーム化しています。人間のこころが麻痺するのもむりからぬことです。

――　今は殺しがあたり前になっている。ですから切って捨てようと、何のためらいもない。人間のいのちが、粗大ゴミになってしまっています。これは、ひいては、自分のいのちすら粗末にする精神につながっていくのでしょうね。

藤岡　だから、自殺をする者が増えていると言うじゃありませんか。

――　交通事故より多いそうです。ですから、何で人を殺してはいけないのか、と言ったのも分かるような気がいたしますね。これは少年ばかりを責めるわけにはいかない。今は平気で親の面倒はみないし、また平気で子どもを殺す。そんな子や親たちが、いったい世間では何をしているのかですね。怖いのは、それが徹底した形で進んでいった場合、どうなるかなんでしょう。今は地獄を造っていながら、地獄でなくなってしまっています。

藤岡　そう、罪をつくりながら、その罪がすこしも罪だと思わなくなった。それが怖いですな。

――現に非常に悲しいことが足元に起きていながら、上手にあきらめてしまう。これが怖いのです。

こころの問題を

――ほかに何か。

藤岡　何もかも、もう忘れてしまいましたね。九十五歳になれば、そのころの人はみんなお浄土へ帰ってしまってますからね。死刑囚も私のくるのを待っていてくれているとと思います。

最近感じるのは、一番大事なこころの問題が結局はなくなりましたでしょう。なくなったというより本当にかすんでしまいましたね。

もう、今の世の中は、人間関係がお金を媒介にする関係ばかりですものね。親子といってもお金の問題が絡んできます。

――ですから親が金を持っていると、今度は、子ども同士が喧嘩しますよね。親が喧嘩の材料を残していくものですから。本当に親は子に何を残すべきかを知らない。

藤岡　私も一昨年九十三歳になり、母と同じ歳になったので、もうこれでお浄土に帰えらさせていただくつもりで、余計には持ってはいなかったのですが、少しずつ分けてやりました。生きているうちに喜ばせた方がいいだろうと思ってね。ところが計算通りにはいきませんな。昨年も生きてしまって、今年もまだこうして生かさせていただいている。養老院に入りたいと思ってもお金がいるでしょう。聞くところによると四、五百万円は必要だというのですな。分けてやるのがすこし早すぎたな、と今になって思っています。すべて如来さまにお任せする以外にはありませんが、どうしてても人間の計らいがでてまいります。

――そうそう。やはり、一人でいてもけっこうお金がかかりますもの。

藤岡　先日、孫が家族づれで韓国旅行にまいりました。行く間際になって、私の部屋に挨拶にやってきました。今言ってきても、手元には金はないぞ、と言いますと、「いや、餞別は要りません」と言うのです。そんなわけにもゆくまい、ちょっと待てと言って、あっちこっちをひっくり返して集め、二十万やりました。こんなに沢山は必要ありませんと言いましたが、まあ、とっておけということで餞別を渡しました。そしたらね、帰ってくるなり「本当に、お陰でたすかりました。有り難うございました」と夫婦共ども頭を下げたものですから、何かしらうれしゅうなりましてね。やはり、ためにはなったんだなと思いました。

ですから、年寄りも金がなくてはいけません。また、次男の娘がカナダの青年と結婚しているのがいましてね。双子ができて、今度カナダへ帰るそうです。これにもお餞別をせにゃならんかったでしょう。私は、お酒も飲まぬし、タバコも喫いません。ただ医者に行く足賃と初診料の八百五十円を払えばことは足りるけど、そんな訳で餞別をやったり、お祝いをせんならんしね。それで子どもたちに分けてやったのは、ちっと早すぎたな、と思っておるところです。

――御老師は、年金はいただいておられるでしょう。

藤岡　はい、老齢年金はたしか七万三千円いただいております。それはずっと貯まっとります。ありがたいものでね。知らない間に貯まっていますから。二、三カ月前、長男に頼んで三十万円おろさせました。すると長男が「おじいちゃん、あとは、もう二十万円しかありません」と言ってました。

救いの縁のために

――教誨師として、何かご要望はございませんか。

藤岡　別に要望というものはございませんがね。ただ、思うことは、今の刑務所の看守や矯正にかかわっている、いわゆる行刑職員の人たちが、事務員になってしまっておられるような気がします。収容者や死刑囚をどうにかして目覚めさせよう、という努力が足らないのではないか、どうもことなかれ主義になっているのではないか、と思うことがあります。助からんまま野放しになっている。だからまた、ご厄介になる。悪循環ですね。

――福岡刑務所の収容者の平均入所回数が四・八回、初犯は少なく、累犯が多いとうかがっています。入所回数二十九回が最高だそうです。最高年齢者は、八十七歳で、入所回数は十七回に及ぶそうです。

藤岡 そうですか。死刑囚にたいしてもまた、立ち入ったケアを行っていない。

――ですから、救いのないまま刑場に行ってしまう。今の実状では無理なのかも知れませんがね。

藤岡 そうです。

――そうすると執行する側もまた、救いがありませんね。ただ、人殺しになってしまう。お互いがうかばれません、これでは。

藤岡 気持ちが悪いらしいですよ。

―― それはそうでしょうね。本願寺派の方で森谷淳城先生がおっしゃっていましたが、その方のお父上が長く教誨師をなさっておられたそうです。執行に立ち合わされた時などは、二、三日部屋に塞《ふさ》ぎ込まれて、食事が喉を通らなかった、とうかがっています。

藤岡 そうですよ。ましてや動転俊巡する死刑囚の場合など特にです。

―― ところが「お世話になりました。お願いします」と言われれば、こちらはお手伝いですからね。でもバタ狂う死刑囚に刑を執行するのは地獄です。ですから、やはり何宗でもいいから教誨のご縁を、積極的に作るべきでしょう。以前は、刑務所の教育部課長は、ほとんどが僧籍のある方がやっておられました。そして報酬の半分を宗派、残りの半分を国の負担という具合だったそうですね。

藤岡 ええ、そうだったと聞いています。教誨師の中島秀康先生などがそうでした。人権尊重、人命尊重と言いながら、やっていることは、人命軽視です。宗教心の欠落があるからです。

―― かたくなな日本の政教分離政策の弊害を感じます。公教育から宗教を排除したことなど。

藤岡　また、宗教が強くなると弊害を招きます。外国のようにね。

――ユダヤ教、イスラム教などは、徹底した一神教ですから。キリスト教はいくぶん柔らかではありますが、やはり一神教であることには変わりはありません。その点、日本人の宗教心はおおらかといいますか、寛大で優しいですね。浄土真宗は、阿弥陀様一佛で一神教に近いのですが、でも寺の総代をしながら氏神様の総代もしている。それに何ら矛盾さえ感じない。それは本地垂迹《ほんじすいじゃく》（佛が衆生を救うための手段として、仮にわが国の神の姿をとって現われるということ）の影響でしょうか。

藤岡　日本は、外国とは違いますね、一神教ではない。

――外国は宗教で戦争している。

藤岡　そうですね。異教徒は悪魔なんですから。自分が拝む神さまだけが絶対で、他は認めない。もとは、真宗も真宗以外から嫁にはもらわなかった。「あの家は何宗か」、「浄土宗」「それなら、せっかくのお話ですが」ということでお断わりした。

――すすんではしなかった。でも、なったら仕方ないと諦めた。最近まででですね。

藤岡　今は、そんなことは言わない。だが、一向宗と言われたのは、一神教の匂いが強かったわけでしょうな、真宗は。

――他宗教を誹謗《ひぼう》するようなことはしなかったですね、真宗は。

藤岡　そう、そう、蓮如さまは、お文（お手紙）の中に再三にわたって、そのことをおっしゃっておられます。

――ある意味では妥協かも知れませんが、生きていかないといけませんから。

藤岡　そうです。それは、自分だけでは生きていけませんからね、みんなと一緒に生きていくしかない。他に言いたいことが一つあったように思いますが、今は思い出せません。忘れました。我が娘の名前さえ忘れてしまう程ですから。

宗門への願い

ご崇敬のこころを持ちつづける

――宗門にたいする要望と申しますか、特に、今日までのご自身の歩みの中で感じられたことは何かございませんか。

藤岡　一つ例をあげれば、たとえばご信心はともかく、ご崇敬《そうきょう》のこころだけは、絶対に持っていただきたいものですな。今日では、完全にこのご崇敬の念がありません。私の寺もそうなんですがね。どこの寺だってそうではないだろうか、と思います。

――まったく、そうでございますね。

藤岡　千葉に住んでいる三男の丘《たかし》が、東京の会社を停年退職しましてね。六十の手習で、今度、得度《とくど》（僧になるための儀式）を受けました。それがまた、一発で僧侶の、あのむずかしい教師資格をパスしました。一年あまり、そのための夜学に通っていたらしく、かなりハードな勉強をしたと言うております。

こうしたことも、考えてみれば幼いころから「お佛飯《ぶっぱん》さまでお育ていただいた」ということを、絶対に忘れてはならぬ、と絶えず教えられていたことや、また、こうしたことを、三男が東京へ出てからも、何度となく、手紙にも書いてやっていました。そういうことが身に沁《し》みていて、何かある度に思い出していたと言うのです。

会社を辞めたのを機縁に僧侶《そうりょ》になることを決心しましてね。子どもたちも成長し、今後は佛法聴聞《ちょうもん》に励みたいと言うのですね。佛道の教師の資格は取得しても、寺院に入るつもりはなく、あくまで存俗の生活のままで一生を送りたい、と言ってよこしました。

その中で、三男が言うことには、教師資格を得るための最後のコースで、本山において二週間程の修練がありますね。あの修練に二、三十人が参加したそうです。その多くが寺院の子弟でした。ところがこの参加者たちが「お精進《しょうじん》」というのを知らないそうです。そうなりますとこの人たちは、御開山さま（親鸞聖人）のご命日《めいにち》を十分理解していないということになります。

ある若い青年僧が、私の息子に「精進するとは何のことですか」とたずねたそうです。で、息子は「御開山さまの命日（二十八日）には、お精進するでしょうが」と応えると、「うちの寺はそんなことはありません。朝から肉や魚を食べています」と言ったそうです。

これはその青年ばかりではなく、参加した連中の多くがそうだったそうです。息子は、さすがにこれにはびっくりした、と言っておりました。

もう三十年も四十年も前の話になるのですが、私が能登半島のある町を訪ねたことがありました。この地は、さすがに真宗王国と言われるところでして、学校の給食が二十八日は精進食だと言う。以前はそんなことはなかったそうですが、子どもたちが、二十八日は親鸞聖人の御命日ということで、肉や魚を食べない。つまり、この日はお精進というので肉や魚に箸をつけないのです。で、小学校も中学校も、この日は精進ものの給食になったと聞きました。

この地では、小学五、六年生になると「正信偈」についてきちんと学び、分からないことがあると、親やご住職にたずねていくということでして、学校のクラブ活動の中に「正信偈」研究などもあるということを聞きました。現在は知りませんが当時はそうでした。

三男も、北陸出身の人たちは違うと言っていました。まあ、身についているのでしょうね。

そんな話をしてますと、以前、わが家も、時にはお佛飯をあげるのを忘れることがあった、と長男が言うておりました。お佛飯を忘るるということは、どういうことか。

うちの長男は、本当にいい奴でございます。今日も病院へ連れて行って、また、迎えにきてくれました。船小屋で一緒に食事をして帰ってきましたがね、本当によくしてくれます。まあ申し分はありません。そらあ、次男、三男と違ってですな、私を思っていてくれます。親切にしてくれますね。そういう点では、頭が下がります。

だが、ご崇敬ということになりますと、わが寺もまた、少し薄うございますね。朝夕のおまいりは、みなしているだろうとは思っておりますが、晨朝《おわさじ》のお勤めに全員そろうことは少ないですね。私は息子や嫁たちを批判するところは何もありません、大変よくしてくれます。特に、二人の若い嫁たちには感謝しております。ただ、そういう点がどうだろうか、という気持ちを持つようになりましたね。

さかんに坊守研修会や住職研修会をやっているようだが、そこでどんなことをしているのだろうか、と思いますね。

ただ、教学だけ、理屈だけを覚えても何にもなりません。佛法は、身に聞けといわれるように、八万四千の毛穴から入ってくださるということを、昔から言うてある。でもこのごろの人たちは、ただ目と耳からなんじゃないのかな。そして、それを自分の知識として振り回すだけであって、それが生活の行《ぎょう》になっていない。信仰が具足《ぐそく》していない。

真宗は行はいらぬというけれども、真宗の行は念佛することなんだ。いわゆる報恩行という言葉もあるようにね。そういうことを研修の折りに、もう一度はっきりと明確にしてほしいと思います。

――なるほど、そうでございますね。「信の一念」がはっきりしないと、「行に惑って、信に迷う」というのが人間には根深くありますからね。私どもの迷いは、限りなく深いのですから。

藤岡　それから、これは以前から思っていたことなんですが、一度ならず言ったこともございます。本山での晨朝の勤行《おつとめ》に参務が一人として参詣《さんけい》しないのですね。それでね、せめて一人でもいいから、交代制でもいいではないですか、参詣をしてほしい、と要望しました。すると、参務が言うのには、「始業の時に全員集まって勤行していますから」と言うのです。ではいつどこで、とたずねますと「宗務所内において九時から」だという。

それは仕事としてでしょうが。そうではなく、本堂の御眞影《ごしんねい》にぬかづき、本当に有り難うございます、と頭を下げる。それが晨朝のお勤行なんでしょう。

そういう面を、やはり率先垂範《そつせんすいはん》ではなくとも、こころからそう思わなくちゃ。でなくちゃそんな心境は出てこないと思いますね。そんなことを思い出しました。

寺に生まれておりながら、すべてを当り前と思って「有り難い」ということがなくなってしまっている。そのことを今一度、強調したいのです。

当り前と思ったら感謝もなければ、喜びもありません。みなが「有ること難《がた》し」ということを、口くせのように言いますけど、ただ、口先だけ「有ること難し」と言ったってね。たしかに有り難いということは、そういうことなんだけども、それを自分のこころに銘じなければ、何にもならない。まあそんなことを思い出したことでございます。

「念佛は、売りものではなく、得るものだ」そんなことも感じます。

―― 基本的なものでございますね。

藤岡 そうです。精進のことで三男の丘からそのことを聞きましてね、私も本当にびっくりしました。だったら、御命日のお勤めもおそらく行われてはいないだろうなあ、と思います。

あなたが、先日おっしゃったように「栗のいがは外からは破られないが、内側から破れてくる」、その通りだと思います。

どこの寺も美しくなりました。本堂も庫裡《くり》もね。外観はきれいになったが、中味は何もない。ご崇敬もご信心もありません。

もう九十五歳まで生かしてもらってると、昔のことが思い出されましてね。百年というと一世紀なんですね。で百年経てば、世の中が全然変わってしまうということはこれは本当です。あと百年も経ったらどうなるだろうか。もう、子どももコピー人間などになって生産されるのかも知れません。そうなると男女のセックスの享楽だけでね。そんなふうになるやも知れませんな。

子育てっていうのは大変ですからね。でも苦労するからこそ愛情が湧くのであって、今は、あまり世話をしないものだから、簡単に子を殺すわけでしょう。同じように親も殺される。

――昔の親は、学問はなかったかも知れませんが、きちんと精進をすることによって、自分が生かされていることを、身をもって証明していました。だから子どもを作るなどとは決して言わなかったのです。

藤岡　そうそう、いただいたもの、お与えもの、と言ってました。だから、身ごもったら産まにゃならぬとね。妊娠中絶などは絶対にしなかった。それはまた、できなかったのですが。

――子を捨てるにしても、親を捨てるにしても、そこに痛みがあったのですね。悲しみがあったのです。

藤岡 そうそう、痛みがございました。今はそれがない。仕方がないといって、上手にあきらめてしまう。親の面倒も見ない。まだ、若いから作らない。もう、年だから作るのはやめた、と子を作るという言葉を、若い人たちは平気で言っている。

――そう言っている言い方が、そのまま、気持ちを表わしているとは思いませんけど、ああいう言い方で、子どもとの出会いを、非常にドライな表現で言っていますが、だいいち、子どもが作れるのか。作ったような子どもだから、子は親に反逆するのでしょうね。

藤岡 そうそう。昔の親がお与えものと言ったのは、子は親の所有物ではないと言うことですね。拝んで親は子に出会ったのです。拝んで出会う関係がほんものですよね。拝んで出会わないからバットでなぐられるのです。出会ったということを当り前にしている。でも会うたこと自体が、もう不思議な出来事なんですから。

お浄土とは

――浄土の問題について、御老師の今の御心境は。

藤岡　そうですな、浄土といえば、阿弥陀佛の佛国土ですね。佛さまは、智慧と慈悲とをもってその国土となさった。ですから私たちは、お浄土に往《い》って初めて平安を得るのです。浄土は、必ずそこに帰るべき家郷でもあります。浄土真宗門徒の人生観は、浄土に往生したい、という願いを信心にたまわって、その願いを人生のただ中でね、「今」を生きるのです。問題は現在ただ今にかかっています。が、往くべき方向がはっきりしているのですね。

十八願（念佛往生の願）の成就の文に「聞其名号《もんごみょうごう》、信心歓喜《しんじんかんぎ》、乃至一念《ないしいちねん》……」とありますように、当然そこには歓びと感謝があります。一念の信の上にはね。

結局は、往生の生活ということは、お陰を拝む生活なんでしょう。生かされている総《すべ》てを、お陰として拝むことのできるこころを賜った世界なんでしょう。何かそんなものを感覚的に感じますね。

今日では極楽とはあまり言わなくなりました。浄土という言葉をもって西方極楽世界を表現しますね。お浄土といえば何かほのぼのとしたもの、懐かしさを感じます。ですが極楽と言えば、享楽的な響きが非常に強い。

「佛法は無我にて候う」とありますが、親や肉親というものは、死んだら後は何もなくなってしまうでは、あまりにも寂しい。「母います国」に行きたい、というのは人情として否定できないと思います。人間の原初なる願望です。悲しい願いです。

―― やはり、宗教では情の世界が大切だと思いますね。浄土真宗では特に阿彌陀佛が我が国に生まれたいと願え、我が国こそ本当に人間が帰っていかねばならない世界なのだ、と私たちに浄土往生という言葉をもって語っていてくださるわけでしょう。ですから、浄土は、今、御老師がおっしゃったように、故郷といえば何かこころに響くものがございますね。今では、いつの間にか、ただ死んだ先というだけになってしまっているようですが、でも浄土が故郷ということになればうれしさを感じますね。

藤岡　はい。ですから浄土とは、先師のかたがたが故郷とおっしゃっています。浄土をわが故郷とする、帰る世界なのです。帰りたくなる世界なのですね、時期がくれば。

——帰りたくなるのは、そこに待っていてくださる親がいらっしゃるからでしょう。待っていてくださる人がいなくなったら故郷は消えますね。

藤岡　そうです。でも親はいなくても、幼い時に育った山や川や森が私を待っていてくれるのです。

——「故郷の山に向いて言うことなし故郷との山は有り難きかな」という石川啄木の歌を思い出します。山が「おかえり」と言って迎えてくれるからこそ有り難いのでしょうね。ですから親はいなくとも正月やお盆がやってくると、みな帰りますね。どんなに車が渋滞していても、帰巣本能と言いましょうか。

先だって「おしん」の作家の橋田壽賀子さんがエッセイ集の中に書いていらっし

ゃいましたが、仕事に行き詰まった時や疲れた時など、故郷へお帰りになるそうですね。

「ただいま」と言って玄関に入ると、年を取られたおかあさんが「おかえり」と言って迎えてくださるそうです。そのおかえりという言葉を聞いただけでうれしくて、心身がなごむんだそうです。二、三日いると「よし、やるぞ」という気力がまた湧いてくるという。

先年、そのお母さんも亡くなられ、帰ると、お兄さんのお嫁さんが迎えてくださるそうですが、「ただいま」と言ったら、「いらっしゃい」という言葉が返ってきた。「おかえり」と「いらっしゃい」とでは言葉の響きが第一、違う。「あ、故郷は遠くなったな」と書いておられました。でも帰られるそうです。故郷の山や森が迎えてくれるからだと書いていらっしゃいました。

ですから、浄土が故郷といえばそれは帰りたくなる世界でしょう。人間は、天上界を求めているようだけど、根っこには帰る世界を求めているのですね。そこが人間が生きている一つの大きな課題ではないでしょうか。

藤岡　「お浄土でまた、会いましょうね」という情の世界、理屈を超えた世界、そういうのが私どもの願いとして、望みとしてあります。これは大切です。実態として浄土をとらえるのではなく、情の世界としてね。

やはり、子どもの死に出会ったり、親の死に出会うたりすると、特に、そんな感じがいたします。私は十一歳の時に父を失い、亡くなった日が、八月十九日、旧暦の七月十三日でした。もうかれこれ亡くなって八十五年になりますが、八月十九日がまいりますと、何かこころが改まるものがございます。やがて、父母のいるところに行けるなと思うと、こころがなごみ懐かしさが湧いてまいります。これは不思議ですね。うれしいです。先だって末の娘が急死しました。それで一層、そんな感慨を覚えます。

――そのようなこころがあるからこそ人間は生きていけるのですよね。この世が絶対とは言えませんし、この地上には権威なんてあろうはずはないのですから。「世間虚仮《せけんこけ》、唯佛是真《ゆいぶつぜしん》」という聖徳太子のお言葉が響いてまいります。

藤岡　人間の価値観は、その時々の時代、社会によって変わってきますからね。その通りでございます。

――私たちが、最後に依るべきものは、「唯佛是真」ではないでしょうか。

藤岡　ところが私たちは、物に依って生きているのですね。特に、お金が依り処なんです。お金が懐《ふところ》に入ってくると心丈夫だと思うし、また、お金が出てゆくと何か淋しくなってくる。結局は執《しゅう》からはなれられない。何かを握りたい、何かをつかみたい。何かを手に入れないと安心できんものがある。

そこで安心できるものをつかみたいということが、宗教なんでしょうけれどもね。でもまた、人間は何かをつかむと、そのつかんだものにくくられますしね。確かに釈尊の説法の通り苦の本《もと》は執です。

――執は生ある限り、限りなく永遠ですね。人間は一度、贅沢を覚えますと、次から次へと欲が出てきて。

藤岡　やめられません。それは本当です。後戻りはできぬ。このごろ、盛んにテレビで放映していますが、政界や財界などの収賄や贈賄にしてもね、最初は、ほんのちょっとしたことですね。それも恐々《こわごわ》。それがだんだん慣れてくると、大胆になってくる。不足を言うようになる。おまけに催促までもするのですな。横着なこころになるのです。食べ物にしてもそう、何でもその如くですよね。

――結局は、悪循環を重ねていくのが、人間の人生なんですよね。それが一つ切れるということがなければ本当の安心はないのですが。蓮如上人のお言葉を借りれば、「雑行を捨て、後生助け給えと一心に弥陀を頼む」ということではないでしょうか、雑行を捨てて。

藤岡　それが一心に帰命する、ということなんでしょう。

同朋会運動に思う

――同朋会《どうぼうかい》運動を振り返っていただいて、何か所感はございませんでしょうか。

藤岡　そのころのことを思い出しますと、本当のところ、私も燃えていましたね。ところがだんだん、月日がたつに従って冷めてまいりました。ということは、ほんものではなかった。運動そのものではなく、私自身が本当ではなかった。それも結局は、わが身可愛さからであって、ほんものではなかった。

たとえば、ご門徒を育てるとは言ってもね、何のために育てるかというと、寺が繁盛するためでしょう。お寺が立派になるためでしょう。自分自身が救われるためではなかったのです。そんなことで次第に冷めていきまして、結局は何も残らなかった。ある寺の住職が、私にこんなことを言ったことがありました。

「あなたたちは、同朋会運動を一所懸命になさっているが、私はあまり賛成できません」

どうしてですかと尋ねると、

「私の方は門徒さんが散らばっているので、取られる恐れがあります。農地解放の次にくるのは、門徒解放だといったうわささえあるのですから、あまりやっていただくと困ります」という意見さえございましたね。

また、一方では、仕方なくやっている。同朋会運動をしても私たちには何にもならぬ。せっかく同朋会員をつくっても会費はぜんぶ本寺に取られてしまう。残るものは何もない。で、仕方なくやっています、といった意見の人もかなりありました。

なるほど、旧柳川藩の寺院で同朋会運動がもり上がらなかったのは、そこらあたりがネックだったのではないかと思っております。

――同朋会運動の精神そのものはよかったのですが、ヌーベル・バーグにつきものの新旧の落差にたいする抵抗でしょうか。結局は利害でした。

藤岡　燃えている間はよかったが。

――やはり、願いと現実との乖離《かいり》ですね。

藤岡　十年ほど前に、また、同朋会運動の復興が叫ばれましたが、これも定着しないまま終わったようでしたね。

私は以前から続いている御命日の「お講」ですね。あれがいいと思っていますが、一緒にお斎《とき》をいただいて、聴聞する。会食するという楽しみ、喜びがありますね。でも社会全体が贅沢になりまして、寺のお斎などは魅力がなくなった。

――寺側にもまた、そんな煩わしいことはしたくない、という意識もございますですね。ともかく豊かになりましてね。

藤岡　寺側にもそれはある、たしかにあります。結局はハングリー精神がなくなっては駄目ですよ。飽食になれば、張りも気力もなくなってしまう。やっぱり、食べられないとなれば人間は何かをします。じっとしてはおれませんよ。

―― 本能なんですね。

藤岡　そう本能。実は、身《み》なんですよね、佛法が身につくというのは。精神だけでなく、この身にお念佛がつかねば駄目。こころは身より、よけいに浮気なものですからね。ふわふわしている。

「この身に聞け、聞け」と御開山様がおっしゃっているようにね。この身が大事です。

―― 「お文さま」に、「朝《あした》には紅顔ありて、夕《ゆう》べには白骨となれる身なり」とありますが、このことは中学生だって知っています。でも字面《じづら》は分かっていても、それがわが身の問題にはならない。でないと佛法は分かりませんね。話として終わってしまう。

藤岡　自分は外側にいるもんですから。例外だと思っている。だから、問題にならない。坊さん自身がそうです。

開申による宗門の混乱

——昭和四十四（一九六九）年の四月に、大谷光暢法主が管長職を光紹新門に推戴するように、当時の訓覇内局に開申なさった。いわゆる「開申事件《かいしん》」ですよね。それで長い間、大谷派は混乱しました。内局と大谷家との確執があって、宗門全体にひろがっていったのですね。

一応、宗務総長が代表権は取りましたが、この門首制について何かご意見はございませんか（大谷派は新宗憲によって門主を門首と改めた）。

藤岡　一部の僧侶の中には、門首制そのものを廃止しよう、という人もいるとか聞きますが、だったらわが身がまず、住職を辞めなきゃならんですな。そして、世襲制も廃止せねばならぬ。自分がはたして一カ寺の住職たり得るのか、これを問いたいですね。ご崇敬もろくろくしないくせに、とんだお笑い草です。宗門人にとっては、門首は父親のような存在であり、また、裏方は母親ですね。門首も門徒もともに同朋です。たしかにそうでしょう。だが、崇敬の念を失ったら教団は成り立ちません。御開山さまの血が流れている。その御開山の血ということは、結局は、身ということにもつながってくる。

――さっきのこころと身の問題ですね。

藤岡　こころはいつもふらついているけど、身は正直です。動きませんよ。この身のところに実は、浄土真宗があります。

――やはり身で聴聞しないと、佛法は聞こえませんと先師がおっしゃっていますが、なるほどなと思います。

藤岡　そうですよ。

――今の御老師さまのお言葉で思い出したことなんですが、御門首など、身のところがちゃんとしていらっしゃいますね、形の上でもね。御本堂でおまいりになっているお姿を拝見しますと、頭が振れません。一時間でも二時間でもぐらつきません。ところが内局のお偉ら方は、まったく、きょろけん坊主でね、きょろきょろしている。身についていない。でも御門首は、一度座ったら首が振れません。さすがは門首だな、と思いました。身についている、それは大切だと思います。一朝一夕にできるものではない。

藤岡　住職が内陣からそわそわしているのがよく眼につくことがありますね。誰がきているだろうか、今日は何人まいっているだろうか、とね。あれは本当にみっともないですな。以前『衣装哲学』という本がありましたが、どなたが書かれたのか名前は忘れましたが、私は時々思い出します。衣装に値打ちがあるのか、身体に値打ちがあるのかを論究した本でした。

陸軍大将の服を着ると、陸軍大将のように見えるし、また、裸体でふんどし姿になると、その辺の長屋の熊さんや八つあんになってしまう。私たちも法衣をつけて、きちんと座ると何か身が引きしまる。法衣を脱げば、浅ましいこころが起きてくる。

なる程、面白いことを言われるものだ、と思いましたね。

――「馬子《まご》にも衣装」という言葉がありますが、立派な格好はしていても、やはり身についたものが、どことなく表われてはきませんか。

藤岡　一夜漬けではいかんですな。いつの間にか身についたものが表われる。

囲碁の世界でもいえますよ。碁石の握り方ひとつで、この人は上手か下手かが分かります。下手な人は石と指が離れている、ついていませんね。身についていない。本当に身につくというのは、碁石と手が一体になっているということです。それはすべてに通じます。花や茶をするにも、裁縫をするにしても、何をやるにしても言えることとです。幼いころから衣を着ていると、着てもぴしっと合う。が、にわかに着始めると、どことなく合わぬ、借り物になってしまうのです。

―― なるほど。

藤岡　私のところの在所に坂田益太郎という総代がいました。なかなか頭の切れる、トンチのきいた人でね。その人と一緒に、総代研修で本山に上山しました時、益太郎さんが言うのには、「本山に行ったら一つ言いたいことがある」と。「何をか」、とたずねると、「今は、坊さんに毛が生えとる。あれはみたみなか（みっともない）。五条袈裟《ごじょうけさ》ば着てお経ばあげてもらよっても、おろ有り難か（あまり有り難くない）。だから、毛ば付けんごと門首さんに言うてもよかろうかのも」ということでしたね。それは結構。遠慮せずに言いなさい、と言っておったのですが、本山の晨朝におまいりしましたら、門首が長髪なんでしょう。それを見た益太郎さんは「御院家さん、もう言うても無駄。もう言わんことにした」と笑っていましたが、何か釈然としない様子でしたので、私は益太郎さんに言ったのです。

「だいたい、頭に髪のあるのは、元は飾りだったのだ。だから飾りを落とす、いわゆる落飾《らくしょく》と言って飾りの髪を落とすということが出家だったのです。今では誰が飾りを付けているので、まあ、いいではないか」

すると、益太郎さんいわく「じゃ、ご院家さんは、何で髪ば伸ばしとらんとかんも」ときた。

「戦前、私はのばしていたが、戦争が始まってから、おしゃれはいかんと思って髪は切った。それっきり伸ばしていない。もう飾りは必要なかと思ってね。第一、せからしか（煩わしい）たん」と言いました。すると、「でもやはり、頭を丸うしとるほうが坊さんらしかけんじゃなかですか」とまたきた。

「そう、あんたが、喜んでくれるからたん」と言うと、また、益太郎さんいわく、「じゃ、そうすると、坊さんって、いったい何だろうか」と切り込んできましたね。

「頭を丸めているのは聖道門。髪を切ろうと伸ばそうと、そんなことは問題ではない。わが身を照らす光に触れるということが、それが真宗の御開山親鸞聖人の教えだからね、それにこだわるのが、第一いかんのだ」

と言ったら、益太郎さん「ほう、そういう理屈もあるとばいな」と言いましたね。

――理屈なのかも知れませんね。精進のことにしても「ちゃんとこころでしていますから」と言う人があります。ではこころというが、そのこころとは何かを、どこで証明するのか、こころには形はありませんからね。

藤岡　『浄土和讃』の中に「本願は荘厳より起こる」という言葉があります。お内佛にしても荘厳が大事です。こころは形を通して表わる。やはり、形にこころを表わさんとね。こころそのものが第一なくなってしまいます。

――精進するにしても、頭を丸めるにしても、本来、僧はかくあるべきでしょう。が、「愛欲の広海に沈没《ちんもつ》し、名利《みようり》の大山に迷惑して、定聚《じようじゆう》の数に入ることを喜ばず、真証の証に近づくことを快《たの》しまざることを、恥《は》ずべし、傷《いた》むべし」(『教行信証』信巻)。私たち僧侶にとっては、この「恥ずべし、傷むべし」が生活の中の源流なんでしょうね。

藤岡　勿論、そうです。特に、愚かなものには形が大事です。形からでないと入っていけません、本当のところね。

知者は形にはとらわれないと思いますけど、凡夫は、形に表わさないと、こころは分かりませんもの、こころを形にね。では形だけでよいのか、といえばかならずしもそうではありません。形だけではこころは分かりません。なかなかそこがデリケートな難しい問題なんです。夫婦の問題にしてもね、こころの中で可愛いと思うていればそれでいいのか、と言えばそうともいかぬ。

――夫婦ということで、親鸞聖人は、聖徳太子の夢告を次の四句をもっておっしゃっていますね。「行者《ぎょうじゃ》宿報《しゅくほう》設《せつ》女犯《にょぼん》、我《が》成《じょう》玉女《ぎょくにょ》身《しん》被犯《ぴぼん》、一生《いっしょう》之《し》間《けん》能《の》荘厳《じょうごん》、臨《りん》終《じゅう》引導《いんど》生極楽《しょうごくらく》」と。（念佛者よ、汝が宿世の縁により、女色の罪を犯すならば、私が玉のような女身となって犯されよう。一生の間、汝をよく荘厳して、この世の縁が尽き、いのち終わる時には引導し、極楽浄土に生まれさせよう）

僧侶の結婚を女犯（の罪）といい、また僧侶と結婚する女性を、身被犯（破戒僧によって犯される女性）と記されてあります。これを思い起こしますね。
聖人は、四句の偈によって女犯の罪の痛《いた》みを通して、結婚に踏み込まれました。あの時代に僧侶が結婚すること自体、画期《かっき》的な出来事だったんですよね。でも大乗佛教は、特別の人が助かる道ではなく、すべての人が男も女も、民衆が平等に助かる教であって、そのことをあなたは証明する人になってください、という聖徳太子の夢告を文字通りに実践なさったのだと思います。ですから、その結婚は、聖人は恵信尼公（妻）を観音菩薩（聖徳太子）の化身と仰ぎ、恵信尼公もまた聖人を佛菩薩として、お仕えになったと思います。奥様の恵信尼様自身「恵信尼公文意」にそうおっしゃっておられます。

藤岡　ただ男と女の出合いということではなく、結婚という形で、佛道を証明なさったのですな。佛道がなければ実は、結婚は成り立ちません。いのちといのちが本当に拝み合ってね、出合っていかれたと思いますよ。崇敬は、お互いが拝み合ってゆく生活だと思う。拝むということは、お世話になります、ということでしょう。
お世話にならなければならない「いのち」の意味を、お念佛の教えを通していただいてゆく。これがなければね、所詮、男と女の出合いといっても、達者な間のことで、利用し合っているだけでしょう、ただ、それだけで終わる。そういうことを、この四句の偈では考えていると思いますね。今、本当に大切なことは、この崇敬です。これがなくなったら浄土真宗はありません。

寺が名実ともに僧伽に

―― 御老師さまの滋味あふれるご説法をいただき、感慨一入《ひとしお》のものがございました。最後にひと言御遺誡をいただきたいものですが。

藤岡 改まって言われると、かえって恐縮いたします。私の寺をはじめ、どこの寺もよく整備され、きれいになりました。でも私は、寺の中に崇敬の精神がなくなったような感じがしてならないのです。豊かさと引きかえに大事なものを失いました。私の子どものころは、御門徒の人たちは寺を本当に大事に思ってくださった。だから寺の子どもにいたるまで大事にされたのです。だが、寺にいる者自身がご崇敬の念がなくなってしまった。御門徒を単なる財産の如く思ってしまっています。生活を支えてくれてるもの、というふうな経済的な関係に堕しているのですね。これでは寺はつぶれますよ。

坊守も忙しくなって寺を留守にする。御門徒さんがきても用件のみで帰る。奥さんは忙しいでしょうからここでいいです、といった具合でね。玄関先でことをすます。先方も坊守の足元をちゃんと見て知っているのです。

以前は、御門徒さんのいろいろな相談事に一緒になって、悲しい時には一緒に涙を流しながら聞いてあげたものです。もうそんな風景はなくなった。ですから、寺にくるものが少なくなった。聴聞する御門徒さんも少なくなった。これではいかん、と思っています。

これでは寺が保育所を経営する意味が問われますね。寺はこのままでいいのかとね。私は今日まで絶えず自問自答を繰り返してまいりました。

どうかご崇敬の精神に眼《まなこ》をひらいて欲しい。お寺が本当の意味で僧伽《さんが》になっていただきたいものです。これが私のただ一つの願いです。

私の歩いた道

父と死別して

私の幼いころは、ずいぶんとやんちゃな方でした。いわゆるガキ大将でした。相撲なども一番強かった。私に勝つものは学校では一人もいなかったのです。ところが五年生の時、スペイン風邪が大流行しまして、私はそれに患ってしまい、九死に一生を得ましたが、四十日程、学校を休みました。それで体力ががくっと落ちてしまって、それ以降は、大将の座を大塚惟道君にとられました。残念ですが、力及ばずでした。

喧嘩もずいぶんと強かったんです。強い奴には徹底的に向かっていきました。でも弱い者をいじめたことは一度もありませんでしたね。

私の母・美代は、寺の生まれでした。父・頓乗《とんじょ》の生家は、柳川の城内で、柳川藩に仕える侍の子でした。西田といって代々勘定方だったと聞いています。明治になり、廃藩置県とともに失職し、浪人の身となってからはかなり生活にも難儀したようです。わずかな小作料程度しか収入がなく、人一倍気位《きぐらい》の高かったおじいさんは晴耕雨読の生活で満足だったんでしょうが、妻子を養っていくことはできなかったようです。

尋常小学校３年のころ、左から妹・泉、弟・凡人と著者（右端）

そんなことで、私の父などは、口減らしのためもあったんでしょうが、佛門に入ったようです。現在も柳川に西光寺という真宗の寺がありますが、ここに入ったようです。入らされたと言っていいと思います。

そして、たまたま縁がございまして、瀬高の在、旧東山村坂田、極妙寺に養子に入ったのです。この極妙寺は三五〇年程の法灯を持つ肥後の菊池家の流れをくむ寺です。この寺の娘美代と結ばれまして生まれたのが私でございます。

父の郁乘《とんじょ》とは法名で、俗名は留一です。私も俗名は彰、法名は顕良《けんりょう》と申します。

私の兄弟は六人でした。男四人、女二人でした。二男・覚《さとる》と三男・文雄《ふみお》は幼くして亡くなり、成長したのは妹の泉《いずみ》と四男の凡人《つねと》、私、そして、ずーと歳が離れて恭子がいました。恭子は父親違いです。家族としては、祖父母に母というものでした。

父は四十八歳という若さで亡くなりました。初盆の供養にまいり、そこでいただいたお斎《とき》がもとで食中毒を起こし、あっという間もなく亡くなったのです。

私が小学校五年生の時のことで、夏の暑い日でした。その暑い日だったことが強く印象に残っています。弟・凡人は四歳でしたから、父親の記憶はほとんどないと思います。その翌年の正月に、祖父・龍鱗《りゅうりん》もまた六十七歳で、父のあとを追うかのように亡くなったのです。

祖父の佛事の時だったかと思います。父の兄弟姉妹、つまり叔父叔母が集まってきましてね、親族会議がありました。私はその時、襖越しに話し合いの様子を盗み聞きしていました。

一番上の叔父が、母へ、「兄・頓乗が亡くなり、今また龍鱗様が御往生では、寺にはお坊さんがいなくなった。お坊さんなしではお寺はできないだろう。あなたも大変だろうから、子どもたちは私たちが引き取って面倒をみよう」と言うのですね。となると私たち家族は寺を出なければならないのか、そして兄弟はばらばらになってゆくのか、可愛い弟や妹たちとも別れなければならないのか、とそう思った瞬間、眼の前が真暗になったのです。悲しくて涙がとまりませんでした。泣きましたね。

その時、母がきっぱりと言いました。

「ご親切は有り難いのですが。子どもたちは必死になって何とか育てますから、私も学校からわずかではありますが、月給をいただいています。がんばりますので」

それで、

「その気持ちであれば……。第一、その方が子どもたちにとっても幸せだと思う。

できる限りの援助はするから」

という叔父のひと言で一件落着しました。これで、家族がばらばらにならなくてすむ、私はどんなにうれしかったか。その様子が今もこころに焼きついています。幼いころの原体験は鮮明ですね。

母のがんばりで、どうにか兄弟がばらばらにならなくてよかったのです。母親のご恩は身に沁みています。当時、母は小学校の訓導（教諭）でした。そんなこともあって、私たち兄弟は一応、中等教育を受けることができました。

弟・凡人

それでも、弟の凡人は結局、父親の兄さんの家に養子に入りました。本人はずいぶんと行きたくないと申してましたが、なにぶんにも父を養子にいただいた経緯もあり、また学資の援助を受けていましたので養子のお話は断りにくかったようでして、まあ、泣く泣く行ったようなわけです。

凡人は勉強もよくできていました。伝習館ではいつも級長でした。そのころの級長は洋服の上着の袖口に黒い線を付けていましたのでよく目立ちました。五年間通して級長だったと思いますよ。本来だったら旧制高等学校から大学へ進みたかったようですが、なにぶん母子家庭ですからね、そういうわけにもいかず、仕方なく学資があまりかからない広島高等師範学校へ進学しました。

高等師範学校は、旧制中学の教師を養成する学校で、そのころ全国に二校設置されていました。男子が広島と東京、女子が奈良と東京にありました。

学校をおえると凡人は、熊本の済々黌中学の英語教師として赴任しました。あまりできのよくない生徒を自宅に住まわせ、特訓するなどして、なかなか教育熱心な教師だったようです。母なども弟のところが大所帯のために炊事などの手伝いに行ったりしていましたね。

その弟もやがて戦争で応召し、ボルネオで戦死してしまいました。三十二歳でした。

その時すでに結婚していて妻・礼子との間に長男・菖一、長女・葉子がいました。

この子どもたちも父の顔は知らないと思いますよ。幼くして親と別れた子はやがてわが子にも同じ思いをさせる、などと世間では申しますが、私は子どもたちが不憫でした。娘の葉子は、現在は久留米の聖マリア病院の医師である赤岩君と結婚していますが、私がその病院で胃ガンの手術を受けました時など、毎朝のように見舞ってくれました。

また、母には兄が一人いました。龍勝といいますが、本来ならばこの兄が寺を継げばいいのですが、教師を辞め、アメリカに渡りました。アメリカでは一応成功したようで、戦後の貧しい時は、いろいろ気を配ってくれて、大変助かりました。

中学伝習館時代

当時、私の寺には近江《おうみ》の国（滋賀県）から北川満という布教使の方がおみえになっていました。これはかなり以前からのことでした。その方がたまたま縁あって、私の寺の遠戚筋に当る本地寺（大川市）に入寺された関係で、父のいない私の寺を手伝ってくださることになったのです。

北川満師は、節談《ふしだん》説教にも秀でていて、その調子といい、音色といい抜群でした。そのころはすでに名の通った布教使でした。

「僧侶《そうりょ》の表芸は何といっても説教だ。話のできぬ坊さんはつまらん」ということで、私は小学校六年ごろから北川師について説教の手ほどきを教わりました。

そんなことで、中学伝習館の五年のころは、北川師の前座が勤められるようになりました。最初の説教が、北川師の本地寺の報恩講でしたね。この時、本地寺の門前に佐野喜平という中学の友人がいました。今も元気で東京にいますが、この佐野が「お前が説教するというので、聞きにきたぞ」と言って一番前列に座って聞いていましたね。私は得意になって話しました。恥かしいことはありませんでした。しかし、今になって思えば、怖いもの知らずというか、まあ、のぼせ上がっていたんですね、当時は。

伝習館時代の著者

まあ、そんなことで北川師から説教の手ほどきをうけました。

囲碁を覚える

同時に、北川師からは、囲碁も教わりました。これは、小学六年生の時でした。北川さんは、下手ながらも大へん碁が好きでした。

光源寺さん（瀬高）の御門徒に鬼丸仁太郎という、たいへんご信心をよろこぶ人がおいでにでして、この方が北川師の大のファンでした。この人もまた碁が好きでした。この二人が法要が終わるといつも碁を打っていました。お二人ともそんなに上手ではなかった。それがよかったのでしょう。いい碁仲間という感じでした。

私も好きだったんでしょう。横にじっと座って見ていたのです。

すると、その仁太郎さんが「坊ちゃん、碁は好きかんも」とたずねました。私は「うん」と答えると、「だったら教えましょう。これがあたりという。これがせき、これが死んだっぞ、それにこれが生きとっとぞ」と言ってほんのさわりを教わりました。

伝習館に入学し、一年の終わりごろには、もうこの二人よりは強くなりましたね。国語の担任に藤村毅彦という熊本からみえていた先生がいらっしゃった。この人がまた、碁の好きな方で、大変強い方でした。それで「藤村先生、今日は学校帰りに先生のおうちに碁を打ちに寄りますから、ご馳走してください」と言えば、「うん、よしよし」と言ってずいぶんと可愛がっていただきました。そんなことで藤村先生のところにはいつも行っておりましたね。

退学騒動

中学五年生ごろから、ちょっと女性に関心が出始めましてね。そのころ、瀬高から柳川まで軌道が走っていました。それを利用して通学しているものを軌道組といっていました。この軌道組の三人で、いろんなことをしましたが、その一つに三柱神社の前にあった色街を徘徊したりしました。松月というちょっと高級な店がありました。その店は、遊女と芸者が一緒にいました。通っている中に半玉（芸者見習）で、外町《ほかまち》出身の藤乃というのがいまして、私と同年輩でした。それと親しくなりました。その店の横に沖端川の掘割があって、そこの吸水場、「くんば」と言っていましたが、ここに毎朝、藤乃が出て待っているのです。私は「こんにちは」と言って走って学校に行ったものです。朝の挨拶ですね。そうやって、少しでも会いたかったのですね。

しかし、そのことが学校内で有名になりました。「どうもよろしくない、風紀上いかん」ということで、私を、停学にするか、あるいは退学か、退学はちょっとひどすぎるので、停学程度でどうだろうか、と職員会議で討議されたそうです。

その時、藤村先生が、

「ちょっと待ってください。藤岡は父親が死んでいない、母子家庭です。母親は今、小学校の教師をしながら三人の子を育てています。それに彼はお寺の跡取ですから、卒業だけはさせて欲しい。お願いします」

ということで、藤村先生のたっての願いによって罪一等を減じていただきました。

少年のころの思い出は懐かしいもので、戦後、復員してから、初恋と言ってもいい藤乃さんのことが気にかかり、うわさによるとが大牟田にいるという話を聞いたものですから一度だけ訪ねました。もう家庭を持っていましてね、戦災の傷あともなく達者のようで安堵したものです。

またこんなこともありました。伝習館の北隣りに「更科《さらしな》」というそば屋がありました。今もあるとうかがっていますが、ここが私たち悪友どものたまり場でして、学校には行かずに、朝から更科の二階に居座っていました。たまたま、階下の便所に行くのが面倒だったので、二階の窓から通りに向かって小便をしたのです。ところが運悪くそこを歩いていたのが安河内健児《やすこうちけんじ》館長で、館長の頭上に小便をかけてしまったのです。当然、館長はカンカンになって怒りました。

さっそく私たちは館長室に呼び出されました。

「お前たちは、朝っぱらから飲食店に入って、そばを食べながら二階から小便するとは何事か。もう許さんぞ。卒業はできん。落第は間違いなか!」

ときつく叱られました。私は申しました。

「ばってんが、館長どの。私は平均点は充分に取っております、なし落第せんとならんとですか」と。すると館長は、

「お前は成績はきっと悪かはずじゃ」

と言って担任の先生に成績簿を持ってこさせて、これを覗きながら、「うーん」とうなったきり言葉が出ませんでした。

私は成績は悪くなかったものですから、自信はありました。結局、

「もうあげなことは、決してしてはならんぞ。分ったか」

「はい、もういたしまっせん」

と言って無罪放免になりました。

あのころは、おおらかというか、いい時代でしたな。

ストライキ事件

そして今度はまた、修学旅行の時にストライキをしました。大抵、悪かったです

な、私は。

でもこれは一日だけのストライキでした。どんなことがきっかけかと言うと、T教師が「生徒の態度が悪い」と言って殴ったのですね。

そこで、暴力をふるうなんて、たとえ先生といえども許せんということで、みんなで先生をあべこべにおしもんだのです。そんなことで、当事者を停学させるということになりました。その処分への反発から抗議のストライキをうったのです。そのときも私が首謀格でした。

まあ中学時代の思い出といったら、そんなことでしょうな。ああ、それから葬式があると早退するでしょう。それに法事にも行かねばならぬ。そのようなことで、早引きやら欠席がかなり多かったのです。

「また葬式か、君のお寺は葬式が多かね。いさげえ（ものすごく）門徒さんが多かやろう」と先生から言われましてね。本当は、そんな嘘をついては度々学校をずるけたんです。

それから、遊ぶのには、当然お金がかかります。で、遊ぶ金が足りなくなると、母の箪笥《たんす》からそっと盗んで持っていったこともしばしばです。盗みが発見されないと、妙なものでだんだんとエスカレートしてゆくのですね、余計に取る。

母が昼間は学校に行っているので盗むのに都合がよかったのです。でも父がいなく、母が父の分まで苦労している姿を見ていると、なにか申し訳ない気持ちはありました。

私の中学時代は波乱万丈でしたね。悪童でした。だが、中学時代の成績は悪くはなかったのです。ですからできれば旧制の高等学校に進んで、大学へ行きたかったのですが、家庭の事情でままならず、ついに進学の夢は諦めまして、僧侶になるための専門の道場に入ることにしました。

僧侶の資格を取得

僧侶の資格を取得した私は、大阪の河内に、本地寺の横田満師の師匠格で柳義景という人がいました。この方は西本願寺派の方でして、その柳先生から真宗の教義、布教のことについて一年間みっちりと教わりました。

かつて子供のころに、横田満師から説教は僧侶の表芸だとおそわったことが忘れられず、私は生涯伝道師、布教使として身を立てたいと心にきめました。それは二十二歳の時でした。その後は、横田師の随行をして各寺をまわり、前席を務めました。

いよいよ一人だちしたのが、二十三歳の時でした。熊本県阿蘇郡西原村の真成寺の御正忌報恩講に一週間まいりました。それが最初の応召布教でした。

いちばん多く布教に出たのは、五十の後半から七十歳の前半まででしたね。

特に、八代方面にはよく出かけました。今の瀬高・正覚寺の坊守の里である清傳寺には度々お世話になりました。清傳寺の住職が福岡県山門郡山川町の入性寺から養子にみえておられまして、同郷のよしみということもあって親しくさせていただきました。神洞《しんどう》という名の方でした。碁の方も私と同程度でよく打ったものです。

結婚

碁を打ちながら神洞師から、

「自分の妹分になるのがこの寺にいるが、もらってはくれまいか。義兄弟ともなれば碁もしょっちゅうできるし、好都合ではないかと思うとる」

と言われたのです。で、

「どんな妹さんですか」

とたずねると、

「そりゃ鼻筋の通ったよか娘たい」

ということでして、それにしてもいささかとっぴな話でしたので、

「まだ早くはなかろうかと思いますが」

と言いますと、

「うんにゃ、もう早うなかばいた」

と決めつけられてしまいました。

その時、私は二十三歳でした。結局、神洞師から無理矢理におしつけられたような具合でしてね、十分な見合いもしないまま、横田満師に仲人をお願いして結婚式を挙げました。二月五日、寒い日でした。梅の香の匂う二十四歳の春でした。

この結婚には面白いことがありました。結婚しまして、新妻に「君はいったい何歳になるのか」とたずねました。すると「二十歳だ」と言うのです。

「義兄さんから十八、九だと聞いていたがね」と言いますと、「それは仲人口というものでしょう」と言う。ところが一晩に一つ、妻の歳が増えてゆくのです。で、だんだん疑問になってきまして「君はわたしより多いのではないのか」とただしますと、ばれましてね。結局私より一歳だけ下でした。

背は低いし、決して美人の部類ではありませんでしたね。

そうそう、こんなこともありました。

結婚してしばらくたってから、見知らぬ男性から妻宛に手紙がきました。私はカッときましたね。お前のような奴はもういらん、と言って、雨戸を開け外へ放り出しました。妻は身体が小さいものですから、簡単に蹴り飛ばしました。
そしたら妻が「見てごらんなさい。別に疑われるような内容の手紙ではありませ
ん」と言って手紙を見せました。読むと、幸せになりなさい、というお祝いの手紙
だったのです。
まあ、自分のことは棚にあげて、相手を責めるなんて、ほんとに身勝手な自分で
したね。
妻は頑固なところがあって、言葉も肥後弁で、筑後弁には死ぬまで馴染まなかっ
た。男でいえば肥後モッコスですね。私は、神洞さんにだまされたようなものです。
清傳寺の娘ではなく、その寺から嫁いだ人の娘で、母親が早く亡くなったものですから、清傳寺に引き取られて育った子だったのです。ある意味では可哀想ではありました。

召集令状を受けて

昭和十二年になると日中戦争が始まりました。次第に戦争は拡大し、大東亜戦争になっていきました。

昭和十六年九月十五日、私にも赤紙（召集令状）がまいりましてね。佐世保へ召集を受けました。私は学校の関係で現役召集には行っておりませんので、二等兵、新兵で入隊しました。

当時、二十歳になれば、兵役検査を受けなければならず、甲種・乙種・丙種の三つに分類され、甲種合格者は、二年間の兵役訓練義務がありました。これを現役と称していました。中学卒業者は、学内で軍事教練を受けることから、この現役での入隊は免除されていました。

召集をうけたころは、もうすでに戦争も激化していましたので、「歓呼の声に送られて」ということもなく、ただ一人、和服姿でオートバイの後に乗せられて駅へまいり、その晩は佐世保の東本願寺別院に泊めてもらいまして、翌日入営しました。海軍ではなく、佐世保鎮守府の陸軍部隊でした。

集合しますと、みんな思い思いの私服を着ていましたので、言葉使いなどはていねいでして、名前など呼び捨てではなく、きちんと「さん」を付けて呼びましたね。私など召集組でしたので決して若い方ではありません。ですからみんなから藤岡さんと呼ばれていましたが、それも三日の間だけです。四日目に軍服が支給されました。そうすると、金筋のはっているものもいるし、星の二つも三つもある人ばかりで、一つ星は私だけでした。これで軍隊の階級がはっきりしました。

さあ、それからというものは「おい藤岡!」と呼び捨てに変わりまして、私は隅の方に小さくなっていましたね。あの世界では階級がものをいうところでして、年齢ではありません。

営舎で最初に見て驚いたのは、シラミでした。夜具などに、おるわおるわびっくりしましたね。それからはシラミとの攻防戦です。

ある夜、初めて不審番に立ちました。夜半に巡察官が回ってきました。「おい、お前は何をしておるのか」と聞くので、「私は不審番であります」と応えますと「不審番はそげんところに腰掛けてよかっか」と叱られました。

なるほど、それで不審番に立つというのですね。はじめて分かりました。

一週間もしないうちに貨物列車に乗せられ、どこへ行くのや分かりませんが、移動です。戸は全部閉められ、着いたところが長崎でした。高台寺という禅寺で、そこで一泊しました。婦人会の方々からうどんの接待をいただきました。その時のうどんの美味しかったこと、その味は今もなお口に残っています。

その翌日の夜、輸送船に乗せられました。アルゼンチン丸という貨物船でした。一万八千トン。速力は六ノット。遅かったですね。その船に一八〇〇人が船底に雑魚寝になってね。人間ではなく全く荷物です。最初に着いたのが奄美大島でした。そこで数百人が下船しました。それから台湾に向かい、台湾のキールン港に着いたのが、九月三十日でした。長崎を出てから九日目だったのです。小雨が降っていました。

私は司令部に配属されました。年寄りばかり二百名でしたね。他の若い連中はみんな南方へ行きました。南方は大変ひどかったそうで、南へ行っておれば、私のようなものは、とてもとても生きて帰ってくることなどなかったと思います。台湾の司令部は楽でした。キールンの要塞司令部は浜町というところにありました。浜町は今でもあると思います。

司令部では、通信班と修理班の二つに分れましてね。通信班の方はかなり優秀なものがいました。修理班は、名の如く修繕する方でして、これはあまり上等な部類ではなかったのです。木工班（大工）、鍛工班（鍛冶屋）、縫班、鞍工班（皮靴工）などと、一班が八人ずつで構成していました。

帰ってから役に立つのは、木工だろうと思いまして、私はそこを希望しました。いざ配属されてみると、みんな専門の大工さんばかりでして、私だけが素人でした。その二百人の兵隊の中で、寺院出身者は私だけでした。そんなことで、とたんに有名になりましてね。みんなから「ご院家《いんげ》」と呼ばれるようになりました。将校までが非公式な時などは「ご院家」と呼ぶようになりました。

いつでしたか、本田という厳しい副官がいましてね。しばらくの間、私は副官付になって彼の傍に務めたことがあります。ある時です。その本田副官が「おい、ご院家、君は兵隊にきてどういう感じをもったか。軍隊というところは、どんなところだと思ったか」と聞かれました。

私は、「副官殿、率直に言ってもいいのでありますか」とたずねました。すると「遠慮せんでもよか、思うた通りに言い給え」と言いますので、私は、「軍隊ほど表裏の多いところはないと思います」と答えました。すると本田副官は、「そんなことは言うてはならんのだ」と、途端にお叱りです。

「でも副官殿が思った通り言え、とおっしゃるものでありますから言いました」と言って笑い合ったことが思い出されます。

その年の十二月、憲兵総長が亡くなりましてね。輪袈裟《わげさ》は持って行っておりましたので、私がお葬式をしました。その折り、私は副官に申しました。「お布施はいただけるのでしょうか」と。すると「兵隊にお布施があるのか」と言うのです。そこで私は「布施なき経は読まぬ、という言葉があります」と申しますと、さすがの副官も納得しましたね。そこで私は言いました。

「副官殿、御布施の代りに珊瑚《さんご》のお数珠《じゅず》をいただきとうございます」と言いますと「ご院家の希望通りにしよう」ということで、台湾産のサンゴの念珠をいただきました。それは今も大切に使っています。

台湾では島民の人たちから度々沢山の慰問品をいただきました。大きなザルに何杯ものバナナやパイナップルなどをね。

そうするといちばん上等のものは、経理部の食糧係がとる。そして経理部の将校がとる。次は本部の将校、その残りを司令部の兵隊。そのまた残りが陣地（要塞砲）の兵隊へ、ということでね。軍隊というところは、そんなところだったのです。人にはきつく当っても、自分には甘い。自分だけは得しようというところでしたね。それが実にあらわだったのです。まことに裏表のひどいところでした。

シンガポール陥落

昭和十七年の紀元節（二月十一日）の時、シンガポールが陥落しましたでしょう。

その年の一年間は、台湾はおだやかでした。こんなに毎日、兵隊を遊ばせていていいものか、と思いましたね、ほんとに。

その年の一年間で、私たちの台湾の部隊だけでジュラルミンの横流しが七万トンありました。飛行機の部品になるあのジュラルミンですね。あれで包丁を作ったり、時計を作ったりしてね、台所用品などたいてい作りました。それから将校の家の家具を作ったりしてね。こんなことをしていては、日本はきっと負けるぞ、と、兵隊同士でうわさしていました。

昭和十八年も、台湾は別段どうってことはなかったんです。年齢が比較的若いものは南方へ行きました。そして年寄りだけが残った。年寄りといっても三十五歳から四十五歳です。そして、南方へ行った連中のほとんどが死んでいますね。

昭和十九年の三月でしたか、沖縄空襲が三日間続きましたが、台湾には沖縄の帰りでしょうか、時たま単機とか三機編成程度で機銃掃射をする程度でしたね。

すでに昭和十九年の後半には制空海はすべて米軍にとられてしまって、日本の艦隊は勿論、影も形もありませんし、輸送船がほとんど入港しなくなったのです。

ついに、米国の潜水艦が浮上してくるようになりました。砲台の大砲では、潜水艦までは届かないのですね。潜水艦に乗せた艦載砲は、自由に砲台まで飛んでくる。それでこちらからもし発砲でもすれば、すぐに砲台がどこにあるかが分かるので打てないのです。それでただ指をくわえて見ているばかりでした。ああ、これはもういよいよ負けだね、と思いました。

そうは言っても私たちがいる台湾は、いたって静かでした。

昭和二十年に入ってからは米軍の空襲が絶え間なく続き、台湾に上陸するだろうということになりましてね。当時は、三十八式歩兵銃がほとんどでしたが、六ミリの口径銃では敵の飛行機に当っても貫通しないのです。そこでどうしても七ミリの鉄砲が必要になったのです。でも銃はできても、弾がまた大き過ぎてその中にはいらない。その弾が、また銃一丁に五発しかない、という状態だったのです。剣も半数以上が竹光でした。本ものではなく、竹でできた剣なんです。

日本は無理な戦争をしたものです。

台湾はお陰で食糧は豊富でした。それに毎週外出はできるし、当時田寮港《でんりょうこう》というところには遊郭《ゆうかく》がありましてね、そこへ兵隊はよく遊びに行っておりました。「俺を一度ぐらい連れて行ってくれよ」と言いますと、「ご院家、あんたはいかん。ご院家が女遊びはするようじゃ葬式してもらっても俺たちは浮ばれん。戦争ももう長いことはなかろうから辛抱してくれ」と言うて、とうとう連れて行ってもらえませんでした。そんなことで私は五年間、精進潔斎でした。

その反動というわけではないのですが、よく碁は打ちました。碁で随分と役得をいただきました。最後の司令官で陸軍少将、名前は小川大三郎だったと思います。この人がまた碁が好きでね。よく打ちました。でも上手ではなかったのです。空襲があると壕に入り、休むんですが、この時など副官がやってきましてね、おやじが機嫌が悪いのでほどよく相手をしてくれないか、と頼みにくるのです。「私も休養したいのであります」と言うと「そう言うな、頼むからあとでたっぷり休養は与えるから」ということで打たされたものです。

司令官は、私を決して呼び捨てにはしませんでした。いつも「藤岡さん、藤岡さん」と言ってましたね。私が、その司令官に一度として負けてやらないものですから、いつでしたか、碁盤をひっくり返して「君は武士の情けを知らん」と怒りましてね。副官が青くなって、お手打ちになるのではないかと一瞬思いました。もうお呼びがないと思っていましたら、また打とうということになりまして、そこで私は言いました。

「閣下、もう少し余計に石を置いてください。でないと私は一つも面白くありません。閣下も腹が立つばかりでしょうから」

あまりにも差がありましたからそう言いました。すると、

「そうか、それならいくつ置けばいいのか」

と言うので、

「そうですね。五つ程度置いてください」

と言いますと、さすがに五つ置くのは抵抗があったのでしょう、

「五つも置かにゃならんか」

ということで、結局四つで打ったと思います。

みんなが休んでいる時に碁を打たされるものですから、私は副官に申しました。時には、私にも休暇を与えてくださいと。勿論ＯＫです。私は司令官の公用車に乗って町へ出かけました。黄色の車ですからめだちます。向うから兵隊が隊列を組んで行進してきました。司令官の乗用車ですから、先頭の隊長が「かしら！…」と叫んだ途端、中に乗っているのは二等兵です。ですから振り上げた手の始末に窮するという滑稽なことがありました。

五年間軍隊生活を送りましたが、私は、人ほどには苦労はしなかったのです。軍隊でよくたたかれたと言いますが、私は一度だけでした。私をたたいた軍曹から「おれは坊さんばたたいたけんが地獄に行かにゃならんだろう」と言っていたそうです。

その一度も人ちがいでね。横浜からきていた小林さんというのに私が似ていたものですから間違われて殴られたのです。

また、こんなこともありました。大串といって長崎からきている人がいました。彼は足が不自由で、うまく走ることができません。いつもラストです。遅いものはもう一度、走らねばなりません。そこで、私は「軍曹殿、大串は足が悪いから無理です」と言ったのです。すると、「だったら君が大串の分まで走れ」ということになった。ほう、これは言ってはならんのだなと思いました。面白いところですね、軍隊は。

戦《いくさ》に負けて

終戦の年（昭和二十年）十二月、私たちは司令部を引きはらってキールン港の倉庫に入りまして、もうこれで帰れると思っていた矢先、隊内に腸チフスが発生しまして、三週間足止めくらって帰還船に乗船できなかったのです。結局、四十四日の間は倉庫暮らしでした。

台湾を発つ時などは、現地の人たちは、「またきっときてくださいね」と言ってくれましてね。台湾は日本兵にたいしては、とても好意的だったんです。朝鮮とか中国本土などとはずいぶん事情が変わっていたようですね。聞くところによれば、台湾では排日運動もまったくと言っていいくらいありませんで、日本には全面協力でしたね。治安もよかった。

台湾では人心の点では高砂族はよかったですね。日本人の気質とどっか似かよった点がありました。台湾の北半分は、福建省からきた人たちで、南半分は広東省からの人が多かったようです。ですから、北と南とでは言葉が通じません。共通語はもっぱら日本語でした。

台湾はあまり空襲もなく、戦禍の傷跡も少なく、そんなことで一時は、引き揚げも遅れるのではないかと聞いていました。なにしろ海外に二〇〇万の兵隊が出ていましたからね。当時、稼働できる輸送船はわずか六〇万トンしかなかった。それから計算すると、三年以上はかかる。台湾組は後回しということになっていました。だが幸運にも早く帰れました。

小川大三郎司令官が「藤岡君、残ってはくれぬか、俺と一緒に帰ろう。そうすれば沢山土産を持って帰れるぞ、貨車一杯はある。碁も打てるし、マージャンもできる」とすすめられましたが、「私は一日も早う帰りとうございます。土産は有り難いが、妻子が待っていますから」と言って帰ってきました。たとえ、残っていても土産は期待できるかどうか分かりませんでした。

貨物船に乗せられ十四、五日はかかったのでしょうか、明年の二月七日に鹿児島に上陸しました。

鹿児島の港で羊羹《ようかん》を売ってましてね。甘党の私は、さっそく買って食べましたが、じょぶじょぶで食べられるようなものじゃなかった。台湾ではおいしい菓子を食べていましたのでね。

帰宅する

昭和二十一年二月八日朝の五時、矢部川駅（瀬高駅）に着きました。大きな荷物を背負ってね。駅舎はなくなり、ホームだけでしたね。私の寺も空襲で焼けてなくなっているのではないかと案じていましたが、幸いありました。坂田の踏切りを越えたところで本堂の屋根が見えたのです。

「あ、あった」と叫びました。その時の感動は格別でしたね。まず玄関の戸を叩いて「今、帰ったぞ！」と呼ぶと、母が戸を開いてくれました。まだみんなやすんでいたようです。全員が飛び起きて出てきました。いちばん最後に出てきたのが、女の子で、

「あら、恭子（妹の名）お前もきていたのか」

と言いますと、妹ではなく、長女のなるみだったのです。恭子とそっくりだったので見まちがえました。死んだ子は歳とらぬと言いますが、別れた時の姿しか思い出しませんでした。

子どもたちもみんな元気に育っていてくれていたのが何よりうれしかったですな。五年の歳月は短いようで、長かったですね。

その夜の食卓にあずきご飯が出ました。私が五年振りに帰ってきたので、祝ってくれたのだなと思って感慨ぶかくいただきますと、どうも味が違うんですね。「このあずきはちょっと違うようだが」とたずねますと、家内が「これはコーリャン米です」ということだったのです。そのころは、コーリャン米が配給で、日本米はめ

ったになかったのですね。

「ほほう、そうか、これがコーリャンか」。初めて見た米だったのです。日本米はその時、二斗（三六キロ）ほどはあるとは言ってましたが。

それから苦労が始まったのです。当時、配給米が一升（一・八キロ）五円。闇米が百円。私の在所ではお月忌の布施が二円。葬式の布施が大抵二十円でした。卵一個が十円だったのですね。ある裁判官などは、配給だけで生活していたために、栄養失調で亡くなるという事件さえあったくらいですからね。

その秋になったら葬式の布施が五十円になったようです。これはあくまで平均値ですがね。それはそれは、ひどいものでした。

また、布施の代りに唐芋をもらったことだってありました。それも一個です。本当に食べるために生きていたようなものでした。

佛さまも唐芋でご辛抱いただいた訳です。お米などたいへん貴重なものでしたね。こんなことは現在の人たちなどご存知ないでしょうな。

また、こんな話がございます。農地解放で地主さんたちは、すべての田畠を失ってしまい、その日に食べる米にもことかく、ということがございました。

寺の近くの元地主の奥さんがおっしゃっていました。近くの農家へ米を売ってくれと買いに行くと、かつての地主さんなんですから、闇の値段では売りにくいでしょう。ですからその農家は、どういって断わったかといえば、「ちょうど今、精米した白米をきらしております」と。そこでしかたなく隣へ行くとまた同じことを言われました、とね。

ところが、そんな地主さんばかりではなかった。そこは十六代もつづいた地主で浅山さんという家でしたが、朝、そこの玄関先の戸を開けると、一升、二升の白米が土間に置いてある。誰が持ってくるともなしに持ってきて、置いてあったそうです。家の徳というのは、そんなところにあるような気がしましたね。久し振りに思い出しました。

昭和二十七年ごろから、食糧事情も次第によくなってきました。あれは朝鮮戦争のころからですね。

食べることに精力を集中した生活でしたが、いくらかゆとりができてきますと、ボツボツと繊維製品が出かかってまいりました。ところが御布施では、着物や洋服を買う余裕などはまったくなかったのです。

保育所の開設

当時、卵の値は高かった。そんなことで寺は境内が広いので養鶏を始めたところが二、三カ寺ありましたので、自分もやってみようかと思いましてね。私は総代会に諮りました。私の寺の在所に坂田久松という寺総代がいましてね。

「そりゃご院家の気持ちは分かる。ばってんが、ご院家さん、せっかくなさるならにわとりではなく、人間ば育てる仕事をしたらどうでっしゃろか、私はそう思いますが。今は増産増産で田舎は忙しか、猫の手も借りたいぐらい。子どもば預ってくれる託児所があったら、家の嫁たちも助かるし、子どもも佛さんのお慈悲で育つ。となれば誰もがただではこんでしょうもん」

「それは、本当にいい考えですな」ということで、いくつかの施設を見学することにしました。

今、いちばん印象に残っているのが、西鉄三潴駅のすぐ近くに法敬寺といって国友諦了さんの寺があった。私はそこに度々説教に出かけておりました。その寺が託児所を開設していたことを思い出しまして、まずそこへ行ってたずねました。そこは保育園といっておりましたね。

かつての極妙寺の本堂（上）、平成11年11月13日に新築完成した本堂（下）

私も始めてみようかと思っているがどうだろうか、とたずねますと、国友さんいわく、

「それは、駄目。労多くして実なし」と。

「なぜか」と私はたずねますと、国友さんいわく、

「父母の支出には限度があります。町や何らかの支援がない限り無理です。自分のところは今本当のところ赤字経営です。諦めになった方が賢明です。できれば私もやめたいと思っています」

ということだった。

せっかく思い立ってはみたものの赤字になっては元も子もない。私ははたと途方に暮れましたね。それで思い止まりました。

そして、その翌年、国友さんのお寺にご報恩講にまいりますと、そう言っていた国友さんは、まだ、保育園を続けているのですね。ですから私は「あなたは、やめたいと言っていたが、まだ続けているではないか」とたずねますと、国友さんが言うのには、

「昨年の暮れに思わぬ大金をいただきましてね。やっと生きかえりました」

と言うのです。思わぬ大金とは行政からの補助金のことでした。

「では、今年もまた補助があるでしょうもん」とたずねると「ええ、きっとあると思います」ということでした。

そのことに自信を得た私は、設立を決心したのです。同じ村ですでに保育所を開設していた坂田充さんに相談したところ、「本気でなさる覚悟がおありなら協力しましょう」ということになって、さっそく当時、県の社会部の主事だった辻さんという方を、坂田さんから紹介していただきました。この方は柳川地方事務所に勤務している人でして、そのころは、車などはあまりなかったので、自転車に蝉の羽根のようなエンジンがくっついている原動機付自転車ですね、それを坂田さんが運転し、私がうしろにまたがって、柳川へ三回程かよいました。

お陰で昭和二十八年十二月十日より未認可ながら保育所を始めることができました。翌二十九年の三月三十一日付けで正式に認可が下りました

あのころの保育料が一人三百円だったと記憶しています。園児が八〇人で出発しました。よくぞ集まりました。あのころは、子どもが多かったです。団塊《だんかい》の世代ですね。兵隊や外地からの帰還で、いっせいに子どもができたんですね。

しばらくは本堂でやっていましたが、そうもいかないので、水上小学校の古校舎を払い下げてもらって園舎を建てました。でも建てるにしても最初は個人で始めた

ものですから、金はない。寺の住職は財産がないので銀行は融資してくれないのですね。

幸い弁護士で農協の組会長だった沖蔵《おきおさむ》さんのお陰で借りることができました。沖さんとは碁の仲間でもありました。ご院家ならまちがいない、私が保証するから貸してあげなさい、という一声で四〇万借りることができたのです。

芸が身を立てるとか言いますが、碁のお陰でしたね。でも芸が身をまげることだってあるのですから注意しなければなりません。

こうしたことで、経済的には豊かになったのでしょうが、二兎を追うものは一兎も得ずでね。本来の寺の教化がおろそかになってしまいました。寺の中に念佛がなくなりました。信心がふっ飛んでしまったのです。子どもを御縁として伝道ができればいいのですが、ただ、お金ばかり追いかけることになってね。悔いが残ります。

山門東組での活動

復員後、ただちに住職に復帰しまして、まず保育所を開設するなど、寺門の再興、経営に当たりました。

当派における地区の寺院を山門《やまと》東組《ひがしそ》といいまして、二十八カ寺ありますが、その代表だった河島研習師の後を受けましてね、その組長《そちょう》（会長）を務めました。たしか昭和三十年ころだったかと思います。

（註）真宗大谷派は、親鸞聖人を祖師と仰ぎ本山を東本願寺という。全国に一万の末寺と、一千万の門徒を有し、浄土真宗本願寺派（西本願寺）につぐ佛教最大の教団である。国外はもとより国内においては、各県ごとに教区制が敷かれ、ただ、例外として、一県に二教区のところもあり、また、二県に一教区のところもある。

教区は、各組の集合体で、藤岡彰師が住職を務めた極妙寺《ごくみようじ》は、久留米教区内の山門東組内に属している。組内は二十八カ寺がある。その代表を組長という。組長は教区会の議員も兼ねる。任期は三カ年となっている。なぜ師が所属する組を、山門東組というかといえば、山門郡を東と西とに分け、西部（柳川・三橋・大和地区）を山門西組（二十七カ寺）、東部（瀬高・山川・三橋の一部地区）を山門東組（二十八カ寺）に分けているからである。組の制度は、江戸時代より今日に至っている。現在の柳川市は、元々山門郡柳河町であったため、西部に属している。

まず私は、組内の二十八カ寺を五つの小会に分け、組織が機能的に動けるようにし、小会単位で教化活動を行い、各小会が他の小会活動を見習えるようにし、互いに刺激しあい、また相互に競いあうようにしました。最近の言葉で言えば、教化活動へ競争原理を導入したわけですね。

また、従来より組内の一部（十七カ寺）で行ってきた大衆供養（安居学習《あんごがくしゆう》）を組

山門東組は、昭和32年、親鸞聖人七百年忌御待ち受け事業として「合唱と講演の夕」を開催した。著者が組長として最初の事業。写真、左から、十時、中村、西牟田、著者、荒川、坂田、川上の山門東組役員一同

全体の教化事業として一本化しました。

この大衆供養は、つまり安居ですが、これは釈尊の成道以降、二千数百余年もの間行われ、今日に続いている行事です。雨の多い梅雨の時期より盛夏にかけて行った僧侶のための学習研鑽の行事です。梅雨期は、生物の生長期です。外に出れば虫や草木を踏み殺してしまうから、できるだけ外出しない。盛夏は暑いので第一托鉢ができない。そこで釈尊のもとに集ってきまして、佛法を聴聞して身心ともに安居したものです。古くは百カ日間行われていました。その伝統が今日でもずっと続いています。大谷派は、七月の中旬より八月にかけて一カ月間行っています。私たちの

組内においては五日間でしたが、今は三日間になっていますね。

では、なぜそれを大衆供養というのか、と申しますと、大衆という言葉の意味は、元々比丘や比丘尼、僧や尼のことですね。今日では大衆といえば一般民衆を指しますが、あれは明治の後期よりそう呼ぶようになったので、本来は僧をさす言葉だったのです。その僧を供養する、というのが大衆供養の意味です。

なぜ僧を供養するのかといえば、三カ月の間ひたすら己れの学業に励むのですから、生産的な仕事ができないでしょう。だから、その間の生活費は信者の供養にあずかるわけです。したがって、多数の信者を供養するのではなく、多数の信者が僧侶を供養するということです。

今日の僧が、はたして供養されるだけの資格ありや、となりますと、きわめてあやしい。ただ、そのような精神であることを私共は忘れてはいけませんな。そう私は自戒しています。

話が横道にそれましたが、私ども組の大衆供養（安居）も改編の時期にきておりました。そのこともあって、発展的解消を行い組全体の行事にしました。たしかに以前よりはよくなった。その事業でいただく懇志が、組の教化費の大部分をしめています。

次に行ったのが門徒指数の見直しです。調整ですね。旧柳川領と旧久留米、筑前領などとはずいぶんと格差がありました。きわめて不均衡だったのです。私どもの地区などは、実数にちかい数を本山に届けていたのですが、久留米、筑前地区などは、実数の半分以下だったのです。

届け数に応じて本山から納金のご依頼があるわけでして、懇志制の時代はまだしも、これが義務化になったものですから、かなりの負担増になり、みんな困っていました。そこでなんとか地ならしをしなくちゃ、これじゃ教区は空中分解してしまう。そういう危機感から正常化のための是正を行ったのです。これにはずいぶんと抵抗がございました。

でも実態をつぶさに説明し、教区内の皆さんに納得していただくよう努力しました。どうにか格差を縮めることには成功しました。だが、まだまだ十分ではありません。しかし、長くかかりましたね。多分、五、六年はかかったかと思います。

教区会議長に就任する

組長二期目の時に、私は教区会の議長に選出されました。

その年にちょうど「同朋会運動」が始まりました。私の組が、その教区における「特別伝道研修」（「特伝」と言ってました）の第一号の指定を受けました。それは各寺より一名、壮年層の代表を選んでまず本山に行って、三泊四日の研修を受講することでした。旅費の半額は組より補助しましたね。多分、四千円程度だったと思います。上山者は、必ず組で行う特別伝道研修会に参加しなければならなかったのです。したがって、その人たちは同朋会運動の尖兵になるのですね。推進員という言葉も生れてまいりました。

そのとき本山からやってきた補導の宮戸道雄さんが、なかなか頭の切れる方でして、いい指導をしてくれました。たいへんいい成果をあげました。宮戸道雄さんは、この「特伝」がご縁で、私の保育園の保母さんと結婚しました。

山門東組の坊守会。教区駐在の美野部薫一師（前列中央）を囲んで

あの当時の講師陣もよかったが、教区の駐在布教使は美野部薫一さんとか岡本義夫さんなどがいらっしゃって、とてもいい人材に恵まれていました。それに教区の人が火の玉のように燃えていましたね。みな佛法に飢えていたのです。

「特伝」を終えた組は、自主運営をしなければならなかったのです。そこで組の小会をもう一つふやし六地区に細分化して、年間三回（二、五、七月）、地区ごとに「地区同朋の会」を開催することに決めました。講師は教区内の教導の資格を有する方々に依頼して、六地区を一巡してもらう。そして最後は反省会をもって、組全体の教化の総括を行うことにしました。

この「同朋の会」は「特伝」を受講したものをメンバーとして、勿論、住職や坊守は、自主的に参加する。「同朋の会」は、あくまで組の事業ですので、その会の開催会場になる寺院は、自分の寺の行事と併修してはならない。講師もその寺の都合で勝手に決めてはならぬ、あくまで組の意向を十分にくんだ上で決める、というのが鉄則だったのです。

短期大学の設立

宗祖親鸞聖人生誕八〇〇年を昭和四十八年に勤めるということで、わが久留米教区においては、その記念事業として短期大学の設立を思いたったのです。かつては、九州佛教専門学院という各種学校を運営したこともあったのですが、戦後しばらくつづいたものの廃院になっていました。そのようなこともあって、九州に真宗佛教の研鑽の場所を建立したい、という願いがずっと続いていたのですね。それに、教区内にはかなりの寺院が、保育所や幼稚園を付属としてもっている。そこで働く保母や教諭の数もかなり多い。そんな人たちを養成する学校をこの地方に一つぐらいは持っておいた方がいいのではないか、真宗保育の担い手となるべき人材の育成はどうあっても必要だ、ということになりましてね。

そのころ教区の所長に四十歳の桑門豪さんが赴任してみえましてね。幸いにこの人は、京都大学の教育学部を出た人でしたので好都合だったのです。計画はとんとん拍子で進みましたが、肝心の資金の方がままならず、難儀しましたな。

ちょうど運悪く、そのころ本山では「開申」の問題が起きました。「開申」がでたのは、たしか昭和四十四年四月二十四日だったと思います。光暢法主さまが管長職を、光紹新門様に譲るという告示ですね。つまり、開申を発表なさったために、内局と法主との間に紛争が表面化しまして、実に十余年に及びました。戦後最大の宗教紛争ともいわれています。

そのようなことで大学設立も、一時期、挫折状態が続きました。御本山へ度々交渉にまいりましても、その都度、相手が変わっていて話しにならず、まったく埒《らち》があきませんでした。本当に閉口しましたね。

当初、訓覇《くるべ》信雄《しんゆう》内局時代に大谷大学のグランドを担保として八百万円を融資してもらっていたのが明るみに出ましてね。なぜ久留米教区だけを優遇するのか、ということになりまして、たいへん騒がれました。

実際には、五千万円を本山から補助していただく約束が既にできていたのですが、それも反故《ほご》になってしまいました。

こうした約束は、表面化できないわけです。こちらがあからさまに言ってしまえば、前内局の責任問題ともなりますので、一貫して沈思黙考でしたね。

ともかく苦肉の策として、「それは返すことになっています」と答えるほかありませんでした。

すると、「何で返すのか」と言うのです。

そこで「久留米教務所を移転して、移転地との地価の格差が出てくるので、それをもって返済することになっています」

と申しました。実は、そのことについてはまだ、はっきりと決まっていた訳ではありません。そう言わざるを得なかったのです。

「それだったら、早くして欲しい」ということになりましてね。ついに、教務所移転の方へエスカレートしていったわけです。

短大の敷地は、筑後市が小学校の用地として、すでに造成していたところを、眞福寺（大木町福土）の調実成師がお世話してくださって、たしか時価六万円のものを三分の一ぐらいの格安で譲ってもらったと思います。なにしろ、筑後市には大学がなかったので、誘致には熱心なようでした。

大学をつくるということになると、少々の金ではできぬ。かなりの金がかかる。なにしろ億単位の金が必要になってきますね。

最初、二億あまりを借りました。私が議長ですから私が借主なんですね。ほかに十名程連帯保証人をお願いしました。

利息の支払い期日がやってくるのが実に早い。もう一カ月が経ったのかと思うと気が遠くなりましたね。なにしろ毎月二百万円ちかい金を振り込まねばならぬのですからな。その都度、あっちこっちにかけずり廻って借りましたね。斧山義秀師、藤永大龍師、浅野公澄さん、長崎教区の御住職の方々、ほかにまだ沢山いらっしゃいましたが、ちょっと今は思い出しません。いろんな方の支援をいただきました。その後、また、三億円あまりが必要になってきましたが、教区全寺院に割り当をすることが決まり、一応資金的なめどがつきましたので、私は議長の座を辞任することにしました。

その後は、本山の方から毎年一定の額の助成金をいただくようになりました。たしか一千万円ちかい額の補助だったと思います。

まあ、そんなことでね、どうにか軌道に乗ることができたのです。そのころのことを思うと、まったく波瀾万丈でしたね。今だったら到底できるものではございません、こわくてね。それだけに感慨は一入《ひとしお》ですな。

あの時、苦労してくれた連中たちの多くが、すでに浄土へ帰ってもういません。私など少し長生きしすぎたようです。

教誨師への縁

私が教誨師になったのは、糸島郡志摩町の秦龍勝《はたりゆうしよう》さんの推薦でした。現在教誨師である秦秀道さんのお父上ですね。その秦さんが、昭和三十三年、大谷派の宗議会員選挙に出られました。私が秦氏を推薦した張本人だった関係で、おはちが回ってまいりました。

そのころの私は、大谷派の改革運動の中核ということになっていました。まあ、はっきり言えば、地域での一方のボス的存在だったんでしょうな。

改革は、まず久留米教区から変えなければということでね。現議員にご勇退を願って、筑後南部（旧柳川藩領）から古賀制二氏、筑前、久留米藩領からは秦さんを、ということになった。幸い無競争で当選しました。

私も、政治の方は好きだったのかもしれません。人を動かすことは面白かったのですね。

当時は、宗祖親鸞聖人の七百回忌法要（昭和三十六年）を三年後にひかえ、秦さんも大変多忙の様子でした。そこで教誨師の方を私に代わってやってくれということになったのです。

始めの一年間は、活動はほとんどしなかった。二年目から始めたのです。たしか昭和三十五年からだと記憶しております。そこで出会ったのが前に述べた諸君でした。そのころの拘置所は、福岡刑務所の中にありました。その後、刑務所だけは宇美町の方へ移転しました。もうかれこれ三十四、五年になりましょうか。今はもっぱら刑務所の方へ月に一度行っております。それも、柳川の中島秀康先生と一緒に、難波光裕先生の車に乗せていただいて連れて行ってもらっています。

藤崎の拘置所の方は不便ですからご無沙汰しています。

N君の回心

福岡拘置所へ私が行くようになって、初めて出会った死刑囚は、たしかN君とI

君だったと思います。この二人は、共犯で、在日朝鮮人を殺害した罪だったと思います。終戦後まもないころでして、日本は敗戦国でしょう、外国人への傷害や殺害の場合はかなり厳しく、裁判もスピード裁判で、短期間に判決が出ていたように思います。

そんなことで、彼ら二人にとっては、裁判自体にいくぶん悔が残ったかと思っています。

N君は、一年あまりしてから執行されました。I君は再審が通って無期懲役になり、熊本の刑務所に送られました。後、仮釈放され、現在も元気にしていると思います、亡くなったという話は聞きませんから。

この二人は、どちらも主犯は自分ではないと主張して争っていたのですが、後日、I君の再審が決まったことを、N君に伝えますと、「それはよかったですね」と、大変喜んでくれたそうです。お互いにあれほど争っていたのに、N君の回心ぶりには感心しましたと、担当の刑務官が語っていました。

それから沖縄出身のOG君が収監されていました。彼は教誨堂には出てこなく、一日中独房の片隅で震えていました。私は何度となく彼のところに行って教誨にあたりました。

「人間、誰でも、必ず死ななければならぬ。あなただけが死刑囚ではない。私も明日も分からぬいのちなのだ。死するいのちを生きている身であって、結局、あなたと同じです。大切なことは、限られた時間をどう生きるか、死を我が身にどう受け取っていくかが大事。どうか教誨堂にきて、皆と一緒に人生をみつめ直すためにも佛法を聴聞して欲しい」

まあ、こんな意味のことを話しました。でも、しばらくかかりましたね。すぐにというわけにはいかなかった。月日がたつうちに自然と震えもやみ精神的にも落着きをみせてきました。教誨にも出席するようになりました。

今では個人教誨が中心のようですが、かつては全員が教誨堂に集まって聴聞していましたね。もちろん、以前も舎房へ赴いて相談に乗ったりしていましたが、ずいぶんと事情が変わっているようです。

教誨活動への取組み

昭和三十七年だったと思います、西本願寺の御門主が刑務所をご慰問なさいましてね。その際、死刑囚の六、七人が帰教式（お髪剃《かみそ》り、佛弟子になる儀式）を受けました。御門主から直々に剃りを入れていただいて、非常に感動的でしたね。受刑者も感激していました。それで信心が深まったというわけではないが、その後の生活態度がずいぶんと変わった、と刑務官が言ってました。やはり変わったのでしょうね。

教誨活動についての取組みで、苦言を呈するとすれば、大谷派にはそれがない。どうも実践面が乏しい。理想論は吐くが、理屈が多すぎる。

ＡＢ君も帰教式を受けた一人ですが、四十年も執行がないのです。私は四十年も執行がないというのは、何かあるんじゃないかとも思います。分かりませんがね。彼から手紙がきましてね、「先生、お元気でしたら、もう一度お会いしたい、そして、教誨を受けたい」と申してきました。行きたいのですが、足が悪いでしょう、一人では行けないのでね、気にかかっております。

今、教誨は一人対一人でないといけません。以前は刑務官が「教誨に出なさい」と言ったものですが、今はそれができないそうです。どうも今の制度には納得できません。まあ、教誨師自身の姿勢にも問題はあります。第一、熱意が足りない。目先のことに振り回されてね。特に大谷派の宗務当局などは教誨活動に関心が薄いように思えます。こうした点は、お西さんの方がまだましですね。近ごろはそうでもないということを聞きますが、まだいい方じゃないですか。ともかく熱心ですよ。

念佛はお祈りでも呪術でもない

現在の刑務所での私の教誨活動といえば、個人教誨もありますが、グループ教誨が中心です。特に申し経を希望する人もいます。お経をあげてくださいとかね。自分の肉親や縁者の祥月命日とか、年忌法要がもちろんありますが、必ずしもそうとばかりではない。危害を加えた人や殺めた人の夢なんかを見るんでしょうね。で、怖くなってお経をあげてくれと言ってくる。そんな時、私は言います。「お経はね、そういうお呪《まじな》いみたいなものとは違うのだ」と。

先日もその話をしてきました。「念佛は、祈りの言葉ではない。私を照らしていただく光が『南無阿弥陀佛』なのだ。だから、その光に照らされてはじめて私の本当の暗さが見えてくる。それが分かるためには、佛様の教えを聴聞するほかはない。今は多くの人が、佛法を聞かんので、自分勝手な思いで念佛を解釈する。だから信仰が間違ってくる」のだとね。

以前、福岡の拘置所には熱心に聴聞する看守さんがいましてね、いつも先頭に立って聞いていました。そのことを先日教育部長さんにお話しました。やはり、部長さんも、刑務官も一緒になって聴聞せにゃ意味はない。自分たちは聞かんでもいいというのではね。横を向いてはいかんのです、と話しました。

教誨師の中島秀康先生は、かつて福岡刑務所の教育課長さんでした。その中島さんが「とにかく藤岡先生の講話を聞いてください。収容者に本当に身のしまるありがたい法話をなさいますから」と言って宣伝してくださるので、先日は所長をはじめ教育部長、矯正職員が聞きにきました。まあ、私が九十五歳ということで、皆さんが寛大に扱ってくださるのですね。少々失礼なことを言っても許してくださる。ありがたいなと思っています。

一言《ひとこと》が人を活かす

私の長い教誨の中で、相手のこころを傷つけるようなことを言ったかもしれません。言葉は、ささいなことと自分では思っていても、相手にとっては極めて重大なことがあります。言葉ほど怖いものはございません。一言で相手を活かしたり、殺したりもします。この世の縁が尽きまして、もし浄土にまいらせていただいたならば、皆さんとお会いして、お詫びしたいと思っています。九十五年も生きてきましたので、どんなにか娑婆の邪魔をしたかもしれませんね。

いただいた手紙の中から

教誨で出会った人たちから多くの手紙やハガキをいただきました。これらの手紙は私信であり、公開するものではないのかもしれません。しかし、彼らの真摯な思いを伝えたく、あえてここに掲載しました。文章は、文意を損ねないように一部訂正した部分もあります。

O・Tさんからの手紙

「不覚年命日夜去」という日没無情偈がしきりに思われる暮れでございます。藤岡先生におかれましては御健体康心にて、今年も毎月毎月私の為に、如来様の御代官として大切な御法義をお取り次ぎ下さり、真実に有り難うございました。

この一年は「明日あると思う心の徒桜《あださくら》夜半に嵐の吹かぬものかわ」という祖聖（親鸞聖人）の御声を頂きながらの一日一日でございましたが、「死刑囚」の私が今日までお慈悲の中に活かされて生きている事実は、不思議の中の不思議であり、まことにもったいなく申し訳ないことでございます。

その生命を賜って「一期一会《いちごいちえ》、初事々《はつごと》、私一人がため」と命がけでお聞かせ頂いたか？　と自問致します時、残念ながら即座に「否」と答えなければならない愚身でありました。「恥ずべし、傷《いた》むべし」という聖人のお言葉が頂かれます。

先般の御法座の折り、先生の口からO氏のことが出ましたが、今日はそのことで私が感得させて頂きましたところをそのまま綴らせて頂きます。

先生は「O氏が佛法を私の問題として聞かなかったから死を嫌がった……」という意味で、O氏の話を出されたと思うのでございますが、あの時はお話の成り行きで少し気まずくなったためか、その後に続く浄土真宗としての御法話が頂けませんでした。その為に先生のお言葉がただ「O氏の死に様を非難する一言」としか私には聞き取れませんでした。

いいえ、それは「私の聞き方が悪いからだ」と思い直してO氏の死に様を我が身のこととしてお聞かせ頂きますと、「自身は此れ現に罪悪生死の凡夫曠劫より常に沈み常に流転して出離の縁なき身であった……」と知らされて頂いた時「即ち横に五悪趣を超載された身」であり、後生の苦を抜かれ永生の楽果を賜った……。無量寿とはいつ死んでもよいという諦観でありましょうか。

お信心を賜っても凡夫という私の自性は変わらない。O氏は自分を飾ることを知らず、善悪の三業を直ちに表にだす性格でしたから、その様な結果になったのだと思います。私自身が死刑という極限の場に立たされた時、果たして安らかに死んでいけるのでしょうか？　もしも傍目に私の死が「安らかな死であった……」と映るなら、それは私が、私自身を見失っている為か、最後まで自分を飾るという私の最期の「見栄」かもしれません。

お念佛は「此れに依って生き、此れに依って死ねる」という安堵の道ではありますが、やはり「よくよく案じみれば、天に踊り地に踊るほどに喜ぶべき事を、喜ばぬにていよいよ往生は一定と思いたまうべきなり。他力の悲願は、かくの如きわれらがためなり……浄土へいそぎ参りたき心のなくて、いささか所労の事もあれば、死なんずるやらんと、心細くおぼゆる事も煩悩の所為なり。久遠劫より今まで流転せる苦悩の舊里は棄て難く、未だ生まれざる安養の浄土は恋しからず……名残り惜しく思えども娑婆の縁盡《つ》きて……彼の土へは参るべきなり。いそぎ参りたき心のなきものをことに憫《あわれ》みたもうなり。それにつけてこそ、いよいよ大悲大願は頼もしく、往生は決定と存じ候え……」という聖人のお言葉が私には大変有り難く、心強く味わわれるのでございます。

「どんなにあがいても、失敗を重ねても、煩悩の火に焼かれても、悪業のかぎりをつくしても、それはもはや如来様の願船の中での出来事であって、必ず生死の大海を渡って大涅槃を証する……退転しない……捨てたまわぬ……。群生を荷負してこれを重擔《じゅうたん》となされるのが願力自然であり、〃重擔となす〃とは、如来様に私を捨てる自由がないという事で、もうおまえはだめだと自分の背中に背負った私を捨てる事が出来ない、諦める事が許されないのが重擔である」とお聞かせ頂けば、平生業成の現身が真実に有り難いのでございます。

ああして来い、こうして来いと言われたら助かりようのないのが私です。O氏は「青色青光・白色白光」と自分の色でお浄土へかえられました。もしも皆様が同じ色だったら人様から何も教えて頂けない……、Ｏ氏の死に様は私に対しての厳しい御意見であり、私を誘引し賜う如来様のお手だてと聞かせて頂きました。菩薩となられたＯ氏が先生のお口を通して、私を導いて下さる還相廻向であった、とお聞かせ頂ければ「非難」に聞こえた先生の一言が大変有り難く頂かれます。

先生はよくお話の中で「私が死刑囚である」という現実にふれて下さいます。その事を私は感謝致しております。

「死刑囚」こそ、四六時中私と一緒に居て法を聞かせて下さる真の善知識様です。死刑囚ともっともっと私自身が親しんで、自分自身を内省してゆくところに、自分の責任というものを自覚して「自分は大きな加害者である……」という事実を瞬時も忘れてはならないと思っております。

そこに私が「見栄」をはらないで、お念佛と共に贖罪出来る道が開けて来ると思っております。

謳歌すべき自分の人生を、私の為に断たれた被害者様の御無念さと、遺家族様の悲嘆の大きさに比較すれば、私の懺悔の念や刑死などいか程のものであろうか……

と思う今日でございます。
長くなりました。心のままに拙書させて頂きました。
乱筆乱文をお許し下さい。
寒気の折柄、御法体をお大切にお念じ申し上げます。有り難うございました。
南無阿弥陀佛　南無阿弥陀佛
十二月二十二日　午後三時
合掌拝具
O・T拝
藤岡彰先生

O・Tさんからの手紙

南無阿弥陀仏
寒さが日毎に増しております。その後、先生様にはお変わり無くお元気で布教に御奉仕され御苦労様でございます。感謝申し上げます。
私の如きは教誨の聴聞に急に病気のため休んでしまい、失礼して居ります。申し訳ございません（病気は結核です）。

今年六月に発病し、高熱が九月迄で三八度以上の熱が毎日つづきましたが、その後、熱も薬の効力で下がって少々安定して居ります。

体重も六キロ痩せていましたが、元に戻りました。これも医師、皆さまの御蔭でございます。完全に回復するまでには今、しばらくです。

教誨出席は当分は叶わないと思います。来春には聴聞が叶えると思います。

先生の法話には、心身共に有り難く沁みますので、過去の法味の記録帳を想い出して拝見し、有り難き思いで病床生活を送って居ります。

先生も一層元気でお過ごし下さい。

御祈り申し上げます。

（短歌、俳句等を少々、未熟ですが添えます。）

道草の時を忘れて蝗《いなご》捕り群し跳び交うを手に余すかな
一斉に早良の木立は蝉時雨命の限り鳴き止まぬかな
世の波に吾遅れしの孤独なり人の情や憶ぞ知るらん

俳句

日溜りの羽を繕い浮寝鳥
獄の中念仏の朝息白し
過疎の村ひそかに暮らす冬景色
潮風に水鳥の声百道浜
夕飯の孤独の味や秋深し
人混みの露店の活気年の暮
獄の吾襤褸《どてら》着込みて夕餉かな
冬耕の犁引く馬の早仕舞
古里の見渡す限り刈田かな
餅搗《もちつき》の粘りし腰の強さかな
教誨の法味の深さ去年今年

極妙寺

O・T

藤岡彰先生

昭和三十六年十二月九日

O・Nさんから便りと俳句その一

暑中お見舞い申し上げます

昭和五十四年　盛夏

落雷や化石がよぎる死囚われ

古里はここより百里雲の峰

O・Nさんから便りと俳句その二

合掌　初夏の様相が著しく、東本願寺別院の樹木も一段と緑を増しているものと思います。先般は、大変有意義なお会座のひととき、殊に御高説を賜り誠に有り難うございます。便利な反面、実に複雑面妖な世相ですね。オリンピックも社会主義国が参加せず、なにか淋しい大会となりそうです。

南無

彼岸会や足の痺れを訴へず
祖母の死を獄で聴ゐし沈丁花
遠回りして苦にならず花の路
庭隅に作る自前の春大根
丼で甘茶を受ける死刑囚
些細事機嫌損なふ蜂を避け
味深し勿忘草の花言葉
春の風佛間に通し朝勤行
長閑けさを最上級の宝とし
花冷や面会に来る人もなく

彼岸に想う　藤岡彰老師講話

福岡刑務所における彼岸会の記念講話

はじめに

腰をおろしたままでお話いたします、どうかお許しください。

いま会長がお話をされましたように、私ども真宗大谷派、久留米教区の教誨師が皆さん方とご一緒にお彼岸の法要を厳修《ごんしゅ》させていただいたことでございます。それで、お彼岸ということについて少し申し上げてみたいと思います。が、その前に、皆さん方はここでお焼香をなさいました。それを私は、あそこからじっと眺めておりました。

手を合わせて頭を下げて、声は聞こえませんから、お念佛をされたかどうかは分かりませんが、お焼香をなさっておる。その姿を眺めておりまして、いろいろと感想がわきました。

皆さん方にも親がおり、おじいさんやおばあさんがおり、ご先祖があるはずだ。そしたらそのご先祖の方々とこの彼岸会《ひがんえ》に一緒にお会いして、わが身のことを思われたのではないだろうか、というようなことを思うたことであります。

ていねいに頭を下げ、合掌もしっかりなさっておられる方もありました。だが中には、しょうことなしにお焼香をして「みんなはまだ頭を下げとるじゃろうか」というような格好をなさっておられる方も、たまに見受けたように思います。

私ども一生涯のうちでいろいろなことに出会いますけれど、先祖のことを思う、親のことを考える、そういう時間というものはめったにないものでございます。そういう私どもに、きょうは、親に巡り会い先祖に出会う、そういう時間と場所を与えていただいたということを、ひとつ肝に銘じていただきたいと思います。

お彼岸とは

お彼岸と申しますけれど、詳しく申しますと、これは到彼岸《とうひがん》と言います。みなさん方ご承知のように、佛教はインドで起こりました。インドの北、迦毘羅城《かびらじょう》と申しまして、いまだに城壁は残っております。ところが、カビーラ城が二カ所ございまして、どっちが本当に釈迦族のおられたお城やら、まだはっきりしないようでございます。

とにもかくにもインドの北の方ネパールにお釈迦様はお生まれになった。そして二十九歳の時に出家をして、三十五歳の十二月八日にピッパル（菩提樹）という木の下でお悟りをお開きになった。そのお悟りをお開きになりました大木が現在もございます。そのピッパルという大木の名前が、成道《じょうどう》をなさいましたことによりまして菩提樹というように敬《うや》もうて名づけられた、ということを聞いております。

そのお釈迦様の教えがシルクロードを通って、中国から朝鮮、そして我が日本へと伝えられてまいりました。もう、二千年近い年数がたっております。

この彼岸はもともとサンスクリットの言葉でございまして、いわゆる梵語でございますが、発音で申しますと「パーラーミーター」と言います。それを中国の漢字に書き換えましたのが「波羅密多《はらみった》」というように出てまいります。それでインドの

「パーラーミーター」をそういう文字に当てはめた。ところが、漢字から出てくる音が「はーらーみった」ということになるものですから、それで「はらみった、はらみった」と皆さん方は何べんかお聞きになったことがあるでしょう。「波羅密多心経」または「般若波羅密多心経」というお経様の名前をたまにお聞きになることもあるかと思います。それが到彼岸ということなのであります。

彼岸と言うのは読んで字の如し、かの岸という文字でございますね。その上に「到」という字がございます。それを略して彼岸と言うわけですが、本当は「到」の字がついていなければ何もならんわけなので、かの岸へ到る、かの岸へ行く、かの岸へ届くという意味なのです。

かの岸と言う場合は、此の岸がなからにゃあならんわけでしょう。こっちの岸があるから、かの岸があるのですね。従って、かの岸と指さすその方向はどこかと言いますと、それは西です。そして、その方向を指さしております私のいる場所は、それは東側、つまりこちら側なのです。

お彼岸のお中日と申しますと、昔からご承知のように昼夜平分ということが言われております。つまり昼の長さと夜の長さがちょうど十二時間ずつ。暑からず寒からず。そしてわりかし農業の暇な時。ちょうど良い時期にあたるわけでございます。今年は例年にないように暑うございましたけれども、先ほど言われましたように、暑さ寒さも彼岸まで、お彼岸がくると涼しくなってまいります。また、寒い寒い冬も、春のお彼岸がくれば暖かくなってくる。

何を求めて生きるのか

私どもは何を願うて生きておるのだろうか。何を求めて生きておられるであろうか。こういうことを考えてみた場合に、私どもが求めているものは楽なのだ。楽になりたい。苦しみは嫌だ、楽になりたい。幸福がほしい。こういうことなのでありましょうね。

だから西洋の言葉にも「人間が生きるということは、幸福の追求である」(ソクラテス)とあります。幸せを追いかけて行く。幸せを追いかけて行くその姿が、人間が生きておるということだ、と西洋の人も言っておりますが、これは「否」とは言えないと思います。

私の近所のお婆さんたちがよく申します。「もう、歳をとりすぎました。何でこうして生きていなけりゃならんとでしょうか。もう死んだ方がましばってんが、お迎えがきまっせん」というように言われるわけでございます。だが、何も楽しみがないから死んだ方がましということは、楽しみがあればまだ生きておりたいということですよね。そう思いませんか。

だから、私ども人間が生きておるということは、何か楽しみを求めておる。何か幸せが手に入りそうだから、こうやって生きておるわけです。

みなさん方はこういう施設においでになっております。どういうことをなさってここへおみえになったのやら、それを私は知る由もございません。けれど、ここへきてみなさん方は何をお考えになっているだろうか。結局、一日も早く刑期を終えて自由の身になりたい、そういうことがみなさん方の願いだろうと思います。

私ども人間の究極の願いは自由ということでしょう。それと平等ということでしょう。差別されるのは嫌だ。同じように取り扱ってほしい。いわゆる、平等と自由、これが人間の最後の願いであろうかと思います。

幸福とは

その自由と平等という言葉を幸福という言葉と置き換えてもいいのではなかろうか、こういうように思います。

幸という幸せと、福という幸せは文字が違いますように、内容もやっぱり違うようであります。幸福の幸の字は、私どもの努力で、私どもが勤め、励んで、つかまえるのが幸福の幸の字。なんぼ努力しても、なんぼ一所懸命になってもつかまえられない幸せ、つまり、与えられる幸せのことを福と申すようでございます。

だから「福の神が舞い込んだ」と言うでしょう。ということは、自分で握ることができた良い日ではなくて、与えられた日であったという受け取り方が福という幸せでございましょう。そこで、この岸からあの岸へ行くということは、この岸は苦悩の岸、かの岸は幸福の岸。そして私どもは幸福を追いかけて生きておる。皆さん方が厳しい規則の中で言うことを聞いて、真面目に働いておられるのは、早く自由になりたい、幸福になりたいということだから、みなさん方は辛抱して、勤め励んでおられると思います。

私どもの願っております自由と平等、その幸せということは、それならばいったいどういうことでありましょうか。

私どもが幸せと思って追いかけておりますのは、幸せのための条件なのではないか。幸せそのものではなくて幸せの条件、そういうものを追いかけておるのではないか。金があったら、健康であったら、自由であったら、差別がなくなったら、あるいは女房がもうちょっと優しくしてくれたら、親がもうちょっと働いていてくれたら、子が言うことを聞いてくれたら、孫がもう少し優しくしてくれたら、そのように、いろいろなものを我々は求めております。けれども我々が求めておりますものは、すべて幸福の条件です。

ところが悲しいかな、この人間の世界というものは相対の世界でありまして、始めがあれば終わりがある。生まれたら、死なねばならん。健康であることは、やがて病気になる。「生者必滅《しょうじゃひつめつ》、会者定離《えしゃじょうり》」ということがうたい文句にございますように、私たちの世の中は必ず相対的になっておるわけであります。男がおるから女がいる。昼があるから晩がある。みんなそうなっている。

そういう私どもの世界に、これが本当の幸せだというものを見つけ出すことが果たしてできるだろうか。本当につかまえることができるだろうか。

その幸せを見つけたい。幸せをつかまえたいと人間は生まれてからずっと、何千年もの間、人類が始まってからどれくらいになるか存じませんけれど、何万年、何千年もの間、真実の幸せは何かと求め続けてきたわけであります。

我々もその幸せを求め続けて一生を送っていくわけでありますが、「昨日も過ぎ、きょうも過ぎ、……ただいたずらにあかし、いたずらに暮らして、老のしらがとなりはてぬる身のありさまこそかなしけれ」（蓮如上人御文）とあります。

いつ歳を取ったやら、いつ皺《しわ》がよってきたやら、いつ腰が曲がるようになったやら分からん。いつのまにか歳を取る。そしてやがてこの世から亡くなっていかねばなりません。それが私どもの、どうにもならない姿なのです。いわゆる、そういうことを四苦《しく》という言葉で表わします。

また、私どもの生活の上から生まれてくる苦しみを八苦《はっく》という言葉で教えていただいております。「生・老・病・死」と「愛別離苦《あいべつりく》・怨憎会苦《おんぞうえく》・求不得苦《くふとくく》・五蘊盛苦《ごうんじょうく》」です。生は生《しょうう》まれる。生まれたから苦がある。生まれなかったら苦はない。ところが生まれるということもそうですが、生きておるということ自体が苦なのだということが申されております。きつい仕事をさせられるのも苦でしょう。でも、仕事がないこともまた苦なのです。

菩提心が起こる

私はもう九十五歳になります。このごろは佛事にもまいりません。ただ、朝晩の本堂においてのお勤めをいたすだけでございます。何もせずに部屋の中でテレビと寝たり起きたりしていること、これも苦なのです。外へ行きたいと思いましても足が悪い。そして腰が痛い。だから百メートルぐらいがやっとであります。どこへも行くことができません。だからひとりぼっちで寂しく、「人生孤独」ということがありますが、まったくその通り。誰もこない。誰かきても「おじいちゃん、ご飯ができたよ」というご案内ぐらいなことでございます。

ただ、曾孫《ひまご》が三人おります。一番下が女の子で、もう四つになりました。その一番下の曾孫が、私のところへよくくる。これが、だいぶんいたずらするようになりましたけれど、それがきてくれることがたったひとつの慰めです。本当に恋人を待つように「まだこないだろうか」と待つのでございます。

ひとりであるということは、本当に寂しいことでございます。私どもは、ひとりであるから一緒におりたい。にぎやかなことが好きなのです。でも、にぎやかでありましても、考えてみますと私はひとりだということです。本当に私と一緒になってくれる者は誰もいない。

夫婦は一心同体と言いますけれど、そうではないようでございます。やっぱり、あなたはあなた、おれはおれ。別のようです。本当に心の底までひとつになるということはできない。そこに、ひとり生まれ、ひとり死し。ひとり来て、ひとり去るという佛様の教えが身に沁みるようでございます。

それでは、本当の幸せは何だろうか。本当の幸せということはどういうことなのだろうかということを、その方向を求めていくことが、菩提心を起こすということでしょう。みなさん方がここでお焼香をなさっている姿を見まして、そういうことを思いました。

みなさん方は、お彼岸が何かとか、パーラーミーターがどうのとかいうようなことには興味はなかろうと思います。きょうここで焼香をするまでは、そんなことはなかったと思うのですが、ここにいよいよ立って、お香を摘んで火に入れる。そのとき「ああ」というものが心の底から湧いてきたのだと思う。「おれにも親がおった」、「自分にもご先祖があったんだな」ということを理屈なく、胸の底から湧き出してきたであろうと思います。

だから、両手を合わせて静かに頭を下げておられる。あれが先祖と出会うておる姿だと私は思うておる。親と出会うた格好だと私は思う。だから、私どもは親を思う時、先祖の心を思う時、私は何をすべきか、何をせにゃあならんかということが、そこから改めて感じられてくるのではないかと存ずることでございます。

おわりに

皆さんがたも不幸にして、こういうところにおいでになっておりますけれども、ここへこられても、また帰って行かれる時がきます。長い間、ご苦労でありますけれども、ご苦労が終わればまた自由の世界に戻ることができる。自由の世界へ戻ることができたならば、何を自分はすべきか、何を最初にせにゃならぬか、何を求めるべきか。そういうことを、ひとつじっくり、ここにおられる間に考えておいてほしいと思うのです。そして私の進むべき道を、私の行くべき方向を、間違わないように教えを聞いていただきたいと思うことでございます。

これできょうはお話を終わらせていただきます。波羅密多を詳しく申し上げようと思いましたが、話が横へ行ってしまいまして、どうも恐縮しました。これでお別れいたします。ありがとうございました。

（二〇〇二年九月六日）

藤岡彰老師を想う

藤岡彰先生との出会い

野田千尋《ちひろ》

平成十四年十一月二十日に宇美にある福岡刑務所で、福岡教誨師会の施設研修会が計画された。当然のことにこの研修会に出席した。そこで顔を合わせた真宗大谷派の岩永得應先生が「藤岡先生があなたに会えると楽しみにして期待しておられるよ」と冒頭に声をかけられた。ああそうか久し振りに藤岡先生もおいでになるのかと心温まる思いであった。

二十歳余も開きのある若輩を好意をもって見てくださることに感激する。まして宗派の異なる、日本ではきわめて異質の少数派のキリスト教のわたしを、慈父の眼で見つめてくださり有り難いことと喜んでいる。

平成十一年十一月五日に福岡刑務所、櫻井智舟所長より医療関係四名、教誨師二名が表彰を受けた。その二名のなかに藤岡彰先生に並んでわたしまでも感謝状をうけ表彰された。若干の畏怖と敬愛の心をもって仰いできた藤岡先生と並んで名誉をうけたことは大変に嬉しかった。

藤岡彰先生の教誨師としての多年の功績は各宗派の教誨師の模範とすべきもので、また数々の栄誉を受けてこられた。財団法人・全国教誨師会創立二十五周年記念式典、昭和五十六年（一九八一年）十月十五日、法務大臣表彰を奥野誠亮大臣よりうけられた。

また続いて生存者叙勲で勲五等瑞宝章をうけられ、名誉であることにその披露の会にお招きをうけたことは忘れられない。その席には今、国会で活躍されている著名な地元出身の国会議員の顔ぶれがあった。

わたしは西南学院の神学生の時代、昭和二十六年に大野寛一郎牧師のもとで、まだ藤崎にあった福岡刑務所の教誨に同席し、死刑確定囚の何人かを知ることになった。当時、特別舎房が刑務所の塀の外に仮設で立ち並んでいた。占領下で量刑が厳しく確定囚が多かった。

卒業後、東京神学大学の大学院にすすみ、彼らと文通を続けていた。それで何人かの刑の執行を知らされた。

昭和三十三年に再度、大野寛一郎牧師の元に帰り、当然のことのように教誨師の推薦をうけた。まだ三十歳になったばかりの若輩には荷が重かった。

藤岡彰先生は、たしか真宗大谷派の蒲池先生の後、福岡教誨師会の副会長になられたと記憶している。会には本願寺派の田中松月先生、森谷大音先生、浄土宗の一田善寿先生、金光教の阿部俊雄先生、天理教の常岡千代三郎先生、太宰府天満宮の御田義清先生など、もう故人になられた優れた先生方が健在であった。

わたしは福音ルーテル派の坂根利永先生のあとを継いでキリスト教の代表として副会長になった。その間、幾人の福岡教誨師会の会長を迎え、その指揮下にあったことか。役員会に参加するようになってから、特に藤岡彰先生を知るようになった。

実務的なせわしげな姿が全くなく悠然としておられ、時に的確な鋭い感慨を述べられるにしても寛容で、現在の福岡教誨師会にとって大先輩であり貴重な存在である。このように高尚な人格者の先輩方に育てられたことを誇りに思い感謝している。後輩のため、また教誨の奉仕のため、いつまでも御健康で御指導くださるよう念願する。

（九州キリスト教教誨師会会長、福岡教誨師会副会長）

藤岡彰師をたたえる

十時《ととき》舜悟《しゅんご》

師は我々大谷派宗教々誨師の大先輩である。

師は、かつて大谷派久留米教区教誨師会々長と福岡教誨師会の副会長を長く務められた。その間教区教誨師会の運営は勿論、各種全国大会の開催など常にその中心となって大きな足跡を残された方である。そして九十五歳になられる現在もなお一教誨師として日夜活躍されている。

しかし何といっても師の教誨師としての面目は、今日まで過去数十年にわたりほとんど毎月、福岡刑務所に出かけて実施されている日常的な教誨のご苦労であると言わなければならない。今日なおご健康であるとはいえ、何といってもご高齢であるから師にとっては正に杖にすがりながらの教誨である。時にご一緒することがあるけれども、刑務所は控室から会場までが遠隔であり、階段が多いのである。その階段の手摺と杖にすがりながらただもくもくと歩まれる。しかしいつも明るく決して笑顔を絶やされることはない。そのお姿を拝しながら師にとって教誨は正に生き甲斐そのものであり、今日それが人生のすべてであるかのごとく拝察している。

その法話は教誨師が被収容者に対してというような隔てはなく、人生に於て道を踏み外して彷徨《さまよ》うわが息子にでも語るように、厳しい中にも暖かく条理を尽くして果てることのない説諭である。それは施設に来て初めて考えついて話すという類のものでなく、日常わが家にあっても被収容者の心について憶念されている人に於てのみなされ得るもので、私達のそれをはるかに超えたものである。

師はかつて叙勲を受けておられるが、教誨師としての叙勲は他に例のあることを余り知らない。まことに師に於て最もふさわしい功である。益々の御健勝を心から念ずるばかりである。

（福岡刑務所教誨師、柳川・光善寺前住職）

父のこと

藤岡　丘《たかし》

はじめて父に会う

昭和二十一（一九四六）年二月の早朝、父が戦地（台湾）から帰ってきた。そのとき私は六歳半であった。父は私が二歳になって間もなく出征したそうで、父の顔は全く知らなかった。そんなわけで、私にとってはそのときが父との初対面であった。

はじめて見る父は、身体《からだ》は大きく、目玉はギョロッとしていて、頭は相当に禿げ上がっていた。また声は大きく、よく通る声で、とにかくいかめしい姿に、幼い私は圧倒された。

最年長の姉は別として、四歳半上の長兄と三歳上の次兄も概ね似たような思いではなかったかと思う。

昼近くになって、父の枕許に呼びつけられた。行ってみると、いきなり「たかし、そこに座って、何か歌え」との命令である。突然のことで、大変びっくりした。仕方なしにおそるおそる何か歌ったことを憶えている。

父が帰ってきて以来、私達兄弟三人の暮らしは一変した。

それまでは、母、祖母の許で、貧乏ではあったが、恐いものなしで、それこそ自由奔放に暮らしていた。暴れて障子や襖の骨は折る、物は毀す、相撲して畳の表や縁《へり》は傷める等々、とにかく思う存分に遊んだ。

しかし、その平穏無事な暮らしはあっけなく終わりを告げた。


「地震・雷・火事・親父」


軍隊帰りの父は、とにかく何ごとも命令一下、きちんとその通りに動くこと、また自らの役目をきちんと果たすことを特に私達兄弟に求めた。

従って、サボッたり、手を抜いたり、いい加減に済まそうものなら、たちまち雷が落ち、時にはびんたやげんこつを頂戴した。

その中でも、とりわけ次の二つは、忘れられない想い出である。

父は門徒へのお参りなどのため、新しく自転車を買った。その掃除、手入れは私達兄弟の仕事であった。

雨天のときは大変である。車輪や車体の泥をきれいに落とし、次にそれをていねいに乾布で拭き、更に金属部分は油布で磨き上げる。帰宅が夜であっても直ちに作業を開始しなければならなかった。寒い日には手が悴《かじか》んだ。

もう一つは、夜の勤行である。父が内陣に入り、灯明、線香等を上げ始めると、私達兄弟は外陣に横一列に並んで正座した。そして、「正信偈」以下勤行が終わるまで正座する。

子どもの私にはお勤めしている内容は全く分からないし、また長時間正座するので、足はしびれ、終り頃にはちぎれる程痛くなる。誠に地獄の思いであった。特に、四句目下、三淘のときは、もう最悪だった。いつ果てるともないあの長い念佛と和讃は本当に恨めしかった。

そんな日々の中で、私達兄弟にとって誠に有難い安息の日もあった。父は時々泊りがけで説教に出かけ、留守した。このときばかりは日頃のスパルタ教育から解放され、しばしの自由を楽しんだ。いのちの洗濯ができた。

小学生時代の厳しいスパルタ教育は、その後の私の人生において、困難や辛苦に出合ったとき、これに負けずに立ち向う気力を与えてもらったと、今もって痛感している。

父のことば

高校二年生のとき、大学受験を含め、自分の進路をどうするか考えた。私は三男なので早晩、寺を出る身であり、独り立ちしなければならないので、サラリーマンになるのがいいと思った。

父にその旨話すと、父は「お前は三男だし、自分が進みたい道を選んでいいだろう。ただし、将来どんな道を歩もうとも、寺に生まれ、如来様にいただいたお佛飯《ぶっはん》で育てられたことは決して忘れないように」と申し渡された。

私は父のこのことばがとても心に響いた。そして、以後サラリーマンになったが、このときのことはずっと忘れることはなかった。

六十歳の定年一年前に、定年後は子会社に勤務することを要請され、随分心が動いたが、やはり自分は寺に生まれ、お佛飯で育った身であることを、改めて強く思った。

このようなことで、第二の人生は、真宗の教えを真剣に求め、聴聞する道を歩もうと決心した。併せて、私が聴聞したことを有縁の人に一人でも多くお伝えすることが、父が私に申し渡した「お佛飯」に報いることではないかと思った。

得　度

父をはじめ、多くの方々の佛縁をいただき、私は一昨年秋得度《とくど》した。

サラリーマンになった私が、このようなことになろうとは、私自身誠に驚きで、ましてて父には全く予想外のことであり、またそれだけに心から喜んでくれた。

これも父の長寿のお蔭であり、親があることは子にとって誠に有難く、嬉しいことである。

定年退職後、月一回「千葉だより」と称して、父へ手紙を出している。私は大学以来ずっと関東暮らしで、日頃父に会えないので、せめて便りだけでもと思い、始めた。

書いてる内容は、佛教、真宗に関する講座、講演の、特に心に残る内容や感想、真宗の教えに関すること、その他、東京真宗会館での出来事、御法事執行の模様などを記している。

これに対する父の返信は電話である。

手紙が届いたかなと思う間もなく、早速電話がかかってくる。自分で電話番号のボタンを押し、元気な声が受話器の向うから聞こえてくる。そして、手紙の内容についていろいろコメントを受ける。誠に楽しい父との一時である。

卒寿過ぎの父親と還暦過ぎの息子の月に一度の佛法交信である。

今年二月、私は教師後期修練を受けるが、これが終了したら教師補任となるので、得度のときと同じように帰省して、父に報告したいと思っている。ちょっと気が早いが、喜んでもらうであろう父の姿を想い浮べている。
とにかく、いつ還浄してもおかしくない齢であるが、これからも元気でいてほしいと切に願うものである。

（三男、前電力中央研究所赤坂試験センター所長）

とっておきの話

藤岡　中《あたる》

マメ

父が出征する前だから、私が三、四歳の頃ではなかったかと思われる。多分、親戚の人たちも来ていた時のことであろう。

父が私の鼻の孔に大豆を一粒押し込んだ（このことはよく覚えている）。

私は頭が体に比べ大きかった。友達からも「頭百斤尻五斤」とよくからかわれた。顔はというと鼻がペチャンコで、鼻の孔は上を向いていた。そこでその鼻の孔に大豆が入るかどうか試してみようということになった。

ところが、鼻の孔に入った豆は、鼻汁を吸ってだんだん脹らみ大きくなっていく。初めは面白がってはしゃいでいた父たち。すぐにでも孔から取り出せるものとたかをくっていた。時間が経つにつれ、豆はさらに水を含んで鼻の孔よりはるかに大きくなり、ピンセットで取り出そうとしても、なかなか巧くいかない。とんだことになった、その場に居合わせた大人たちの真顔になっていく姿が目に浮かぶ。さあどうしたものか。頭を捻っても良い思案のあろう筈もない。

ようやく、ここは専門医に診てもらおうと衆議一決。さっそく父は、私を自転車に乗せ恥を忍んで町の平井耳鼻科へ。そして豆は取り出され一件落着となったそうな。

インキンタムシ

私は学生の頃、インキンタムシを患って難儀したことがある。

薬局からタムシチンキを買って来て、人目を憚りながら、金玉の患部にチンキを塗って手当をしていた。チンキを塗ると、それはそれは言葉では言えない、カーッと火をつけたような熱い痛みが走る。あの激痛は経験した者でないと分からない。

そのカーッとした熱い痛みを和らげるため、団扇《うちわ》でパタパタ扇《あお》ぎ患部に風を送るのである。チンキを塗っては扇ぎ、また塗っては扇ぎのくり返しであった。そんなことを三、四日続けているうち、患部の痒みも痛みも徐々に軽くなり快方に向かっていた。

そんなある日、奥の二階でいつものように薬を塗り団扇でパタパタやっていると、いつの間にやって来たのか、私の傍に父が立っている。私はドキッとした。あられもない無様な姿を見られてしまったのである。

と、その時、信じられないことが起こった。こともあろうに、父は私の手から団扇を取り上げ、私の下半身を扇ぎ始めたではないか。私は驚き、ただ呆然としていた。父の扇ぐ姿を見ながら、嬉しいような、恥しいような何とも不思議な気持ちだった。

しばらくして父は扇ぐのを止め「おいアタル、そのチンキを貸せ」と言った。私は何のことか、父の言葉の意味することをはかり兼ねていた。すると更に父は「おれも、タムシに罹《かか》ったらしい」と言った。私はやっと意味がのみ込めた。

私たち親子二人、インキンタムシという不名誉な皮膚病に罹ってしまったのであった。

私の父のことを親戚の者や知人は、威厳に満ちた近より難い人間のように評することがよくある。確かにその様な向きがあることを私は否定はしない。しかし、それは父の姿の一面であって全てではない。

今紹介した「マメ」や「インキンタムシ」のように、人間としてのいたずらっ気、権威とは無縁の情味あふるる側面を持った父でもある。強さと弱さ、知と情を併せもった人間らしい人間であることを言いたかったのである。

その父も、この春の誕生日で満九十五歳になる。お文の一節に「……いまにいたりてたれか百年の形躰をたもつべきや……」とある。

父の意に添わずわがままを通して生きて来た私である。そんな私であるだけに、父には、百も百十までも生き続けて欲しいと、詫びながら、乞い願う次第である。

（次男、前福岡県三池・山門郡小学校校長会会長）

藤岡　彰（ふじおか・あきら）法名・顕良（けんりょう）　明治41年4月1日、山門郡東山村坂田（現・瀬高町）極妙寺に生まれる。伝習館中学を卒業後、応召、台湾で兵役に勤務、復員後、極妙寺住職となる。保育所を設立。東山中央保育園園長となる。浄土真宗大谷派久留米教区議長を3期9年務め、福岡教誨師会会長などを歴任。66歳にて、住職を退き布教活動に専念。現在も教誨師を務める。
極妙寺＝福岡県山門郡瀬高町坂田1001番
電話＝0944(62)2968

老師は語る
私の体験的信仰論

■

2003年6月25日　第1刷発行

■

著者　藤岡　彰
発行者　西　俊明
発行所　有限会社海鳥社
〒810-0074 福岡市中央区大手門3丁目6番13号
電話092(771)0132　FAX092(771)2546
http://www.kaichosha-f.co.jp
印刷・製本　有限会社九州コンピュータ印刷
ISBN4-87415-447-6
［定価は表紙カバーに表示］

海鳥社の本

善き師、よき友　十時壽徳

人生を、自分をしっかりと見つめ一つの自信をもって生きてきた、多くの妙好人たち、学舎で仏道で出会った人々……。出会いを喜び、すべての人々を善知識として歩んだ15年を振り返る。　四六判・上製　2000円

この悲しみに抱かれて　十時壽徳

人の世は楽しいことより悲しいことがずっと多い。私の悲しみがそのまま如来の悲しみになってくださる。今生きていることは、有り難いいのちだと知り、いのちの重さに目覚める。　四六判・上製　2500円

竹田青嗣コレクション　全4巻

四六判／平均350頁／上製

1 ── エロスの現象学

〈現象学・欲望論関係論考，社会状況論【主な内容】エロスの現象学 ──〈実存〉概念をめぐって／欲望論の現在 ──「欲望の現象学」のために／ニーチェあるいは生成の論理批判／ポスト・モダンとニヒリズムをめぐって／秘匿された超越 ── 天皇論の本質／「少数者論」の再検討 ── その可能性と条件／「民族」を超える原理　3107円

2 ── 恋愛というテキスト

文学批評，作家・批評家論，在日論，エッセイ【主な内容】“恋愛小説”の空間／「文学に似たもの」について ── 批評におけるロマン主義／「愛」なきエロティシズムについて／小林秀雄と批評のつまずき／太宰治のセンチメンタル／「正しさ」に耐える思想──吉本隆明について／「在日文学」新世代の世界観／歌謡の定型と非定型　3398円

3 ── 世界の「壊れ」を見る

主要な書評を集録【主な内容】吉本隆明『ハイ・イメージ論 Ⅰ・Ⅱ』／江藤淳『成熟と喪失』／蓮實重彦『物語批判序説』／ドゥルーズ『フーコー』／柄谷行人『探究 Ⅰ・Ⅱ』／小林よしのり『脱正義論』／吉本ばなな『キッチン』／大江健三郎『M／Tと森のフシギの物語』／山田詠美『ベッドタイムアイズ』／村上春樹『ノルウェイの森』　3800円

4 ── 現代社会と「超越」

思想・哲学対話集【主な内容】エロス・死・権力：吉本隆明／ロマン主義批判の帰趨：笠井潔・島弘之・絓秀実／差別って何？：加藤典洋・岸田秀・橋爪大三郎／〈オウム的現代〉とは何か：小浜逸郎／現象学的方法の可能性：廣松渉／ニーチェ ── 徹底した懐疑の果てに：永井均／言語のなかへ ── 丸山言語哲学を導きとして：前田秀樹　4000円

〔価格は税別〕